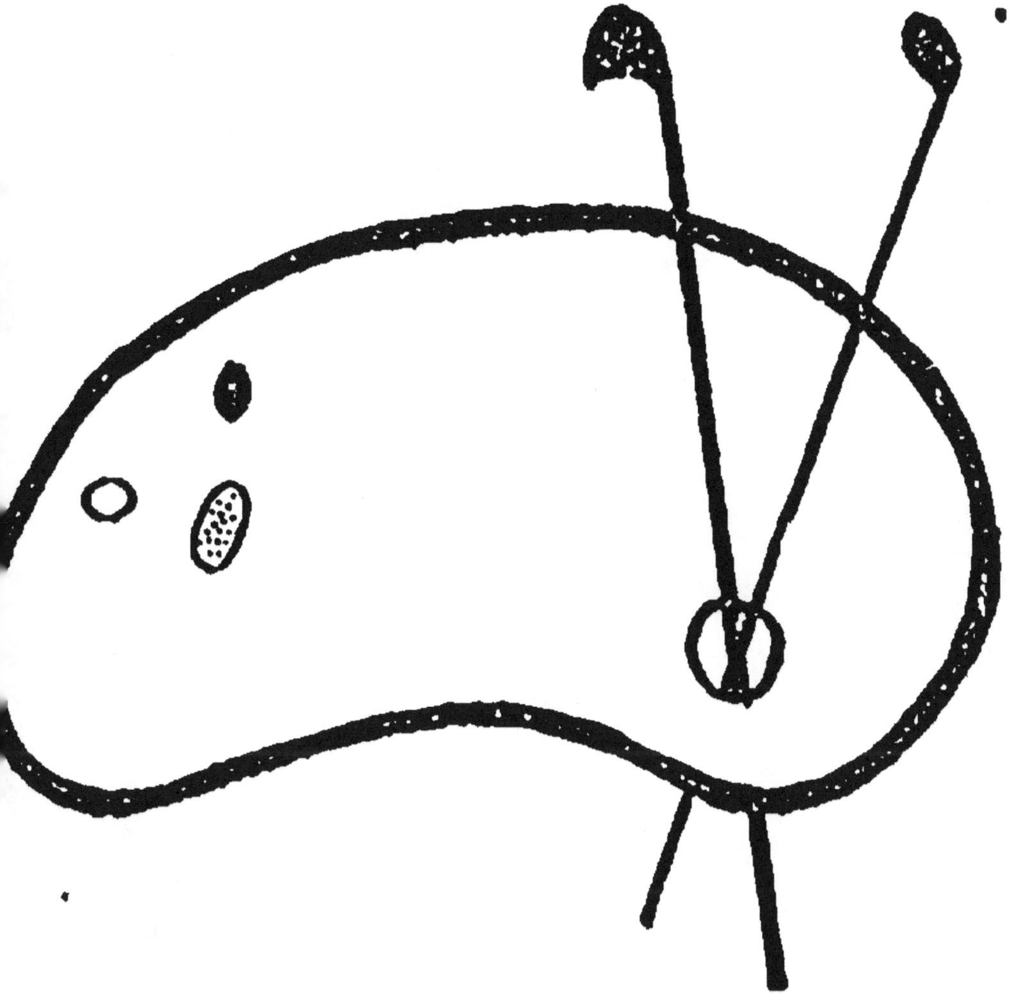

**COUVERTURE SUPERIEURE ET INFERIEURE
EN COULEUR**

DE LA

PROSTITUTION

EN EUROPE

DEPUIS L'ANTIQUITÉ JUSQU'A LA FIN DU XVIᵉ SIÈCLE

PAR

M. RABUTAUX

AVEC UNE BIBLIOGRAPHIE
Par M. Paul LACROIX

PLANCHES HORS TEXTE, GRAVÉES PAR MM. BISSON ET COTTARD
D'APRÈS LES DESSINS FAC-SIMILE DE M. A. RACINET FILS
Sous la Direction Artistique de FERDINAND SÉRÉ

PARIS
LIBRAIRIE D'ALFRED DUQUESNE
16, RUE DE LA SORBONNE, 16

1881

EN VENTE A LA LIBRAIRIE UNIVERSELLE

16, rue la Sorbonne, 16

A PARIS

Histoire de Paris, par Jacques Arago. 2 magnifiques vol. grand in-8, illustrés de 26 belles planches, gravées sur acier .... 16 »

Atlas universel, *historique et géographique*, par A. Houze. 1 grand volume in-folio composé de 101 cartes coloriées à l'aquarelle, avec trois mille notices historiques............ 20 »

Le Trésor des ménages, encyclopédie de connaissances usuelles et pratiques, par W. Maigne. Très-fort volume grand in-18... 5 »

Histoire de la Prostitution en Europe, par Rabuteau. 1 vol. in-8, illustré de très-curieuses grav... 5 »

Code du Cérémonial, par la Comtesse de Bassanville, 1 joli vol. grand in-18............................... 4 »

Physiologie de la Génération, par le docteur G. Le Bon. 1 vol. grand in-18, orné de très-nombreuses grav... 4 »

De la Procréation (production volontaire des sexes), par le docteur Warner. 1 vol. in-18................. 2 50

Les dangers de l'Amour, chez l'*homme* et chez la *femme*, pendant la *jeunesse*, l'*âge mûr* et la *vieillesse*, par Laurent Martin. 1 vol. grand in-18................. 4 »

L'Amour conjugal, par M. J.-H. Prud'hon. 1 vol. grand in-18.. 4 »

Traité de la Virginité, où l'on explique *tout ce qui appartient à cette sainte profession*, par L. de Rougemont. 1 très-fort volume in-18 de 730 pages............... 5 »

Ces ouvrages sont expédiés *franco* par retour du courrier, à toute personne qui en envoie le montant en *mandat-poste* à l'ordre de M. Alfred Duquesne, éditeur, 16, rue de la Sorbonne, à Paris.

DE LA
PROSTITUTION
EN EUROPE

DE LA

PROSTITUTION

EN EUROPE

DEPUIS L'ANTIQUITÉ JUSQU'A LA FIN DU XVIe SIÈCLE

PAR

M. RABUTAUX

AVEC UNE BIBLIOGRAPHIE
Par M. Paul LACROIX

PLANCHES HORS TEXTE, GRAVÉES PAR MM. BISSON ET COTTARD
D'APRÈS LES DESSINS FAC-SIMILE DE M. A. RACINET FILS
Sous la Direction Artistique de FERDINAND SÉRÉ

PARIS
LIBRAIRIE D'ALFRED DUQUESNE
16, RUE DE LA SORBONNE, 16

1881

DE LA PROSTITUTION EN EUROPE

En cette matière délicate, où nous devons prévoir plus d'un écueil, il convient, ce nous semble, de déterminer, dès l'abord et avec quelque précision, le caractère des recherches que notre sujet embrasse, les limites qui le circonscrivent et les faits qui, quoique s'y rattachant directement, doivent cependant lui rester étrangers; deux mots nous suffiront.

Partout, aussi loin que l'histoire nous permet de pénétrer, chez tous les peuples et dans tous les temps, nous voyons, comme un fait plus ou moins général, la femme, acceptant le plus odieux esclavage, s'abandonner sans choix et sans attrait aux brutales ardeurs qui la convoitent et la provoquent. Parfois, toute lumière morale venant à s'éteindre, la noble et douce compagne de l'homme perd dans cette nuit funeste la dernière trace de sa dignité, et, devenue par un abaissement suprême indifférente à celui même qui la possède, elle prend place comme une chose vile parmi les présents de l'hospitalité : les relations sacrées d'où naissent les joies du foyer et les tendresses de la famille n'ont chez ces peuples dégradés aucune importance, aucune valeur. D'autres fois, dans l'ancien Orient, par exemple, et de proche en proche chez presque tous les peuples qui y avaient puisé d'antiques traditions, par un accouplement plus hideux encore, le sacrifice de la pudeur s'allie chez la femme aux dogmes d'un naturalisme monstrueux qui exalte toutes les passions en les divinisant ; il devient un rite sacré d'un culte étrange et dégénéré, et le salaire payé à d'impudiques prêtresses est comme une offrande faite à leurs dieux. Chez d'autres peuples enfin, chez ceux qui tiennent sur l'échelle morale le rang le plus élevé, la misère ou le vice livrent encore aux impulsions grossières des sens et à leurs cyniques désirs une classe entière, reléguée dans les plus basses régions, tolérée mais notée d'infamie, de femmes malheureuses pour lesquelles la débauche et la honte sont devenues un métier.

Telles sont, si nous ne nous trompons, les trois formes diverses que peut revêtir la Prostitution, ce produit funeste de nos excès et de notre intempérance ; la troisième seule devra nous occuper : le monde moderne, dans lequel s'enferment nos études, ne peut plus, grâce à Dieu, nous offrir d'exemple des deux autres, et la conscience humaine, désormais éclairée par une pure lumière, est également à l'abri contre l'abaissement de la première et le sauvage délire de la seconde.

Dans cette étude sur la Prostitution au Moyen Age, nous n'avons d'ailleurs pas pour but de peindre les mœurs particulières et les allures de ces tristes victimes, spectacle hideux comme le vice et monotone comme lui, car les passions qui s'agitent au fond de nos cœurs présentent dans tous les temps les mêmes grandeurs et les mêmes bassesses; mais nous voulons la considérer comme constituée en quelque façon, réglée et contenue par la législation des peuples, dans laquelle elle a une place non dépourvue d'intérêt; nous voulons écrire brièvement les efforts plus ou moins sages, tentés pendant douze siècles pour comprimer ses plus éclatants scandales, pour renfermer dans des digues presque toujours impuissantes les impuretés de ce torrent fangeux, « semblable, pour emprunter l'expression de saint Augustin, à ces cloaques qui, construits dans les plus splendides palais, détournent les miasmes infects et assurent la salubrité de l'air. »

Nous ne pouvons nous dispenser cependant d'accorder quelques moments d'attention à l'histoire de ces deux peuples, les Grecs et les Romains, chez lesquels nous sommes obligés d'aller chercher presque toutes nos origines; nous n'étudions jamais leur histoire sans que la nôtre devienne aussitôt plus facile et plus claire.

L'organisation de ce que nous demandons la permission d'appeler, dans un langage un peu moderne, le *service des mœurs*, se recommande au moins par une origine illustre; c'est un sage qui y mit le premier la main, et le plus célèbre de tous. Solon pensa qu'il valait mieux essayer de régler les excès de la débauche, que de les laisser, par une négligence coupable et des scrupules indignes du législateur, s'étendre outre mesure et compromettre la sécurité des bons citoyens, et nous retrouvons, dans les règlements dont il fut l'auteur, tous les traits principaux qui caractérisent les législations suivantes. Il fit acheter, chez les étrangers, des filles esclaves qu'il plaça dans un établissement entretenu aux frais de la République. Elles étaient pourvues par l'État de tout ce qui est nécessaire à la vie, et elles devenaient pour lui une source de revenus. (Philémon et Nicandre cités par Athénée, livre xiii, cap. 3.) Ces femmes, du reste, chez le peuple grec lui-même si indulgent pour les faiblesses des sens et si complaisant pour ses *hétaires*, auxquelles il laissa jouer pendant longtemps un rôle considérable, ces femmes, instruments dégradés de la débauche publique, étaient notées d'infamie par la loi. Il leur était interdit de prendre part, avec les matrones, aux pompes et aux solennités du culte; toutefois, l'entrée des temples ne leur était pas fermée, comme on l'a souvent écrit; elles pouvaient y pénétrer, y offrir des sacrifices aux dieux, et même dans certaines villes de la Grèce, à Athènes au moins et surtout à Corinthe, elles participaient comme prêtresses aux fêtes de la déesse Vénus, sous la protection de laquelle on avait placé leurs impurs mystères. (DÉMOSTHÈNES, *Oratio contra Neeram; Lettres* d'ALCYPHRON; ATHÉNÉE, liv. xiv.) Les enfants qui naissaient d'elles, privés du titre de citoyen, ne pouvaient ni haranguer le peuple ni plaider devant les tribunaux, mais cette règle souffrit bien des exceptions, parmi lesquelles Thémistocle est un illustre exemple. Pour que leur honte fût publique et qu'il fût impossible de les confondre avec les femmes d'honneur, un costume particulier leur était imposé. Il leur était défendu de rehausser d'or leurs vêtements ou de ceindre leurs fronts de couronnes du même métal; elles devaient se contenter de robes garnies de fleurs, et, lorsqu'elles étaient rencontrées couvertes de parures prohibées, ces objets étaient confisqués au profit de l'État. Enfin, pour qu'elles ne pussent propager autour d'elles la débauche, la loi leur refusait le droit d'avoir à leur service des femmes esclaves. (GRÆVIUS, *Thesaurus antiq. Græc.*, V, col. 1954.)

Les Romains conservèrent longtemps la pureté de leurs mœurs : l'existence rude et pauvre du républicain des vieux temps le mettait à l'abri des tentations du vice ; mais, quand vint le jour de la corruption, elle fut rapide et hideuse. Chez ce peuple politique, qui regrettait que la femme eût été donnée au monde comme une condition nécessaire de sa perpétuité (AULU-GELLE, *Nuits attiques*, I, 6), l'austérité de la conduite était une vertu d'État, que des considérations sociales avaient fait éclore, mais qui n'avait pas sa source dans les hautes et pures régions de la morale éternelle et divine, où seulement la conscience humaine peut trouver une lumière digne d'elle. Elle ne résista pas au premier choc. Les guerres d'Asie firent affluer à Rome tous les éléments de la dépravation à la fois ; les conquérants, vaincus à leur tour, y trouvèrent un immense butin et des richesses jusque-là inconnues, le spectacle de mœurs scandaleuses dont ils rapportèrent le goût dans leur patrie, et des doctrines perverses qui ajoutèrent les égarements de l'intelligence au délire des sens. Il semblait que l'Orient et l'Occident voulussent se réunir dans un embrassement suprême pour succomber ensemble sous les coups du monde nouveau qui se levait, et pour célébrer avec un redoublement d'ivresse le banquet funéraire des temps accomplis. La débauche atteignit alors des proportions encore inouïes. Le culte d'Isis, introduit publiquement à Rome l'an 711 de sa fondation, vit accourir à ses solennités monstrueuses tout ce qu'il y avait de plus respectable parmi les matrones, et déjà, deux cents ans avant cette époque, Flora, une courtisane enrichie par la débauche, avait fondé par son testament les jeux qui portaient son nom, grossières mascarades composées de danses obscènes, de licencieux cortéges et de scandales publics, desquels se détournait le regard indigné de Caton.

Il est impossible de déterminer avec précision l'époque à laquelle les maisons de débauche commencèrent à s'établir dans Rome. Nous voyons toutefois que, cent quatre-vingts ans avant notre ère, l'édile Mancinus, qui, pour accomplir sans doute les devoirs de surveillance de sa charge, voulut s'introduire de nuit dans la maison d'une courtisane, en fut repoussé à coups de pierres. La loi obligea bientôt les filles publiques à livrer leurs noms aux édiles sous peine d'amende et de bannissement, et à se faire inscrire sur un registre spécial, pour obtenir la *licentia stupri*. Cette loi les frappait dès lors d'une infamie indélébile, car « la turpitude, disait-elle, n'est point abolie par l'intermission, » et, destituées des droits qu'attribuent les lois civiles aux citoyens, ces femmes perdaient l'administration de leurs biens, le pouvoir d'accepter des héritages ou des donations, la tutelle de leurs enfants, l'aptitude à exercer des charges publiques; il leur était interdit d'accuser en justice, et leur serment était refusé par les tribunaux. Exclues de la famille, elles échappaient par leur infamie même à la puissance paternelle ou conjugale, et l'on vit, dans un temps où la dépravation avait atteint ses extrêmes limites, des femmes considérables, des épouses de sénateurs ou de chevaliers, Vestilla, par exemple, issue d'une maison où l'on comptait des préteurs, solliciter le nom de *meretrices* et leur inscription sur le registre des édiles, pour se soustraire aux châtiments qui les menaçaient, à la puissance de leur famille, et mener sans contrainte leur vie licencieuse; si bien que Tibère fut obligé d'interdire par un édit formel cette inscription aux petites-filles, filles et femmes de chevaliers, et il en bannit quelques-unes dans les îles lointaines. Il fallut, d'un autre côté, dans cette société où la corruption confondait toutes les classes en une commune orgie, prendre des mesures pour empêcher les courtisanes de s'élever aux premiers rangs, comme on en avait pris pour arrêter les matrones sur la pente qui les faisait tomber dans les plus abjects. Une loi interdit d'abord aux *ingénus* ou hommes de condition libre d'épouser des esclaves affranchies par les maîtres des mauvais lieux. Dioclétien décréta deux autres lois, l'une pour enlever aux filles publiques le droit de se marier, l'autre qui défendit aux sénateurs de prendre pour épouses les filles des *lenones*.

Caligula, le premier à Rome, frappa d'un impôt la débauche publique. Alexandre Sévère ne voulut pas souffrir que l'argent qui en était le produit souillât le trésor de l'État; mais toutefois il conserva la taxe, et l'appliqua à l'entretien et à la réparation des édifices publics. Elle fut abolie plus tard par les empereurs Théodose et Valentinien; puis, rétablie de nouveau, elle continua à être perçue pendant longtemps encore dans l'empire, et ne disparut définitivement que sous Anastase, qui ordonna la destruction des registres sur lesquels elle était inscrite.

Des règlements publics imposaient aussi aux *meretrices* un costume particulier et qui se rapprochait de celui des hommes. Elles devaient porter une mitre et une perruque blonde, attribut spécial de la débauche, une tunique courte, et une toge ouverte par devant, qui leur avait valu le nom de *togatæ*. La couleur jaune, à laquelle se rattachaient des idées de folie et de honte, leur était assignée; des souliers rouges toutefois complétaient cette parure, jusqu'au jour où l'empereur Adrien réserva aux césars l'usage exclusif de cette couleur. Un décret de Domitien leur défendait de monter dans des litières.

Nous avons essayé d'indiquer à grands traits les caractères des lois qui régissaient dans l'empire romain les femmes malheureuses vouées au culte de la Vénus populaire; ce rapide coup d'œil était indispensable : nous retrouverons, dans des temps plus rapprochés de nous, des traces nombreuses de ce triste code, dont le lecteur pourra noter lui-même l'origine ; les lois romaines, d'ailleurs, ont longtemps gouverné notre propre pays ; ces règlements que nous avons analysés s'appliquaient à la Gaule et contiennent une partie de notre histoire. Ce n'est pas ici le lieu de montrer la Prostitution s'installant à côté de Caligula, dans le palais des césars, comme un commerce lucratif, ou montant sur le trône avec l'insensé Héliogabale ; contentons-nous de rappeler d'un mot l'aspect qu'elle avait à Rome.

Les maisons consacrées à la Prostitution s'y étaient établies dans les rues les plus populeuses et les plus laides, près du Tibre, au milieu des marchés, des halles, des tavernes et des boutiques de barbiers, non loin des *castra peregrina*, où se tenaient les troupes étrangères, dans le quartier des Carènes et dans la Subura, à portée des esclaves, des affranchis, des matelots, et de toute cette population infime qui composait leur primitive clientèle, dans le voisinage des remparts, dont les voûtes (*fornices*) servaient sans doute de refuge aux *meretrices* et qui leur avaient fait donner le surnom de *Summœnianœ*. Quelques femmes habitant les abords du Cirque provoquaient, après les jeux, les Romains désœuvrés ; d'autres, descendues plus bas dans la honte et dans la misère (*scorta erratica*), erraient à la poursuite d'un salaire incertain, par les rues et les carrefours, autour des tombeaux et dans les bois qui environnaient la ville.

Le lupanar était placé sous le gouvernement du *leno* ou de la *lena*, agent impur du libertinage, qu'assistait dans ses fonctions le *villicus puellarum*, chargé des menus détails et d'une comptabilité étrange. Ouvert à la neuvième heure (quatre heures du soir) et fermé le matin, afin que la jeunesse n'y fût pas attirée pendant le temps consacré au travail, il contenait un certain nombre de *cellæ* ou cellules, sur la porte de chacune desquelles était placé un écriteau où l'on lisait un nom et l'indication d'une certaine somme d'argent. Placées au dehors, éclairées par un pot à feu lorsque la nuit était venue, les pensionnaires de cet infâme lieu se tenaient assises, provoquant les passants, et de temps en temps, sur la porte fermée de l'une des cellules, on inscrivait le mot *occupata*. Le *leno* d'abord se contentait de louer pour un prix convenu les *cellæ* de sa maison aux filles publiques, qui percevaient pour elles-mêmes le salaire du plaisir dont elles faisaient commerce; mais bientôt il devint entrepreneur lui-même : il acheta des esclaves; il alla recruter, dans les provinces, de pauvres paysannes qu'il séduisait, en faisant briller à leurs yeux l'espérance de riches parures, de la vie oisive et abondante, qu'il entraînait à sa suite et qui, placées sous le joug d'un maître implacable, accablées de mauvais traitements, ne recueillaient pas même le produit de leur turpitude! Ce *leno* cependant, ce corrupteur odieux que la loi frappait des peines les plus graves, ne demeurait pas en possession exclusive de son indigne commerce ; les auberges et les cabarets lui faisaient une active concurrence et s'étaient transformés en autant de lieux de Prostitution ; les boulangers eux-mêmes, à l'imitation de leurs confrères de la Campanie, recherchèrent aussi ce genre de profits. Les bains publics enfin, si fréquentés dans l'antiquité, devinrent bientôt le théâtre d'insupportables scandales : on supprima les établissements communs aux deux sexes, on défendit aux entrepreneurs d'y introduire des femmes pour garder les vêtements des baigneurs, et Justinien enfin en régla la police par un édit sévère.

Les empereurs chrétiens, éclairés par une morale plus pure, firent de nouvelles et plus persévérantes tentatives pour combattre le fléau de la débauche ; nous n'osons pas dire qu'elles furent plus heureuses. Leurs efforts se dirigèrent principalement contre les provocateurs et les corrupteurs de la jeunesse. Ils cherchèrent moins à détruire un mal inévitable qu'à l'empêcher de s'étendre. Constantin, Constance, Théodose le Jeune, Valentinien et Justinien sévirent tour à tour. Ils prononcèrent des peines sévères, le fouet, la confiscation des biens et des maisons, le supplice des mines et même la mort, contre les ravisseurs, qu'ils employassent, pour réussir, la séduction ou la violence ; contre ceux qui avaient conseillé le crime ou qui en avaient été les complices; contre les parents qui n'avaient pas poursuivi la réparation du préjudice fait à leur honneur; contre la faiblesse même qui n'avait pas su résister. Constance protégea les esclaves chrétiennes, que par cupidité ou par dérision on livrait à la Prostitution, en confiant aux ecclésiastiques et aux chrétiens exclusivement le droit de les acheter quand elles étaient exposées en vente sur le marché, et de les retirer des lieux infâmes où on les renfermait, en remboursant le prix de l'achat. Théodose le Jeune et Valentinien réunis prononcèrent l'abolition définitive de tous les mauvais lieux, et soumirent à des amendes les propriétaires qui prêtaient asile aux prostituées et les magistrats qui négligeaient de les punir. Justinien enfin confirma ces mesures, en aggrava les peines, et ordonna, sous peine de mort, aux entremetteurs de la débauche, « ces voleurs du don précieux de la chasteté, » de quitter l'empire dans un court délai. Toutes ces lois furent inefficaces; elles prouvent pour nous l'intensité du mal, mais elles n'eurent pas le pouvoir de le guérir, et les traits épars dans les écrivains de ce temps forment un hideux tableau des désordres de l'empire expirant.

Le monde allait changer de face sans changer de vices. Sans doute des principes plus austères avaient été proclamés, un but plus noble avait été proposé à la vie humaine, et l'orgie impériale, qui avait un instant effrayé la terre, était pour jamais terminée; et toutefois, quand on jette un regard sur ces bas-fonds où s'agite le vice, où la horde mugissante des plaisirs déréglés et des passions grossières se met à l'aise et lève le masque, on se demande tristement s'il est vrai et possible que l'homme, à l'éclat d'une lumière nouvelle, ait su diriger sa vie dans des sentiers meilleurs; nous pourrons en juger bientôt.

Les lois des peuples barbares gardent un silence presque absolu sur le sujet qui nous occupe ; elles ne nous arrêteront donc pas. La femme avait une bien autre place au foyer de ces peuples du Nord que dans le gynécée des nations italiennes ou gallo-romaines. Elle était la compagne de l'homme, et non pas l'instrument passif de ses plaisirs et le jouet de ses caprices; appelée plus tard aux fonctions de la maternité, elle avait eu le temps, avant d'accomplir sa destinée, de mûrir sa raison et de développer ses forces pour assister de ses conseils l'époux dont elle partageait les charges, et elle avait conquis dans la cité un rôle sérieux et grave. Les lois de ces peuples austères ne pouvaient accepter, organiser avec complaisance ou frapper même avec sévérité les désordres des mœurs, fort rares sans doute dans les forêts qui abritaient la cité. La femme qui avait oublié les lois de la chasteté sortait de cette cité, dont elle n'était plus digne, suffisamment punie, dit un jurisconsulte (Joh.-O. Stiernook, *De jure Sueonum et Gothorum vetusto*, 1672, lib. II, cap. 2, p. 321), par sa honte et son infamie : *Fœminæ vero satis est supplicii in ipsa turpitudinis professione et infamia vitæ*. Elle n'avait même plus de famille, et tous les liens de la parenté étaient rompus, si bien que, dans l'ancien droit du Slewig, l'article de la loi qui punissait l'inceste n'avait de peine pour un semblable crime, que lorsqu'il était commis avec une femme qu'on ne pouvait accuser de ce hideux métier : *Quæ prius scortum non fecerit, nec infamis fuerit*. (Peder Kofod Ancher, *Hist. du droit danois*, 1776, in-4°, tom. II; *Jus Slevicense antiquum*, § II, p. 5.) Ce n'est pas à dire cependant que les conquérants barbares aient résisté à l'attrait que leur offraient les mœurs faciles d'une société corrompue. Ils se jetèrent, au contraire, dans les plaisirs effrénés, avec la violence et l'impétuosité de leur nature ; on ne saurait le contester, malgré le témoignage trop honorable que leur rend Salvien pour faire honte sans doute aux populations romaines. Mais, soit qu'à l'exemple des Visigoths (Labbe, *Conciles*, t. Ier, col. 1265) ils laissassent aux lois romaines le soin de comprimer les trop éclatants excès, soit plutôt que dans ces temps malheureux de troubles et d'anarchie l'impudeur eût été délivrée de toute contrainte, leurs lois nationales restèrent étrangères à ces détails. Nous trouvons toutefois dans le code des Visigoths, que nous venons de nommer, un décret du roi Recarède, décret sévère et développé qui interdit la Prostitution, d'une façon absolue et sous des peines sévères. (*Lex Visig.*, lib. III, tit. IV, cap. XVII.) La fille *ingénue*, ou née libre, qui se livrait à cet odieux métier, était, pour la première fois, frappée de trois cents coups de fouet; en cas de récidive, réduite en esclavage et donnée à un homme pauvre qui l'employait à son service sans lui permettre de se montrer dans la ville. Les parents qui consentaient à la débauche de leurs enfants ou qui en tiraient profit, recevaient cent coups de fouet. Si la coupable était une esclave, elle subissait la même peine que la femme libre, et de plus on lui coupait les cheveux et on la rendait à son maître, à la condition qu'il l'éloignerait de la ville. Le maître négligent perdait son esclave, qui passait au pouvoir d'un homme pauvre et recevait cinquante coups de fouet; il en recevait trois cents, de même que la coupable, s'il autorisait et exploitait son libertinage. Les femmes débauchées qui parcouraient les rues et les campagnes étaient jetées en prison, et les juges que l'incurie ou la vénalité empêchaient de sévir, frappés à la fois d'une peine corporelle et d'une peine pécuniaire, recevaient cent coups de fouet et payaient une amende de trente sous. Une loi de Théodoric, roi des Goths (*Imperatorum*, *etc.*, *recessus, constitutiones, etc.*, à Melchiore Goldasto, 1713, tom. III, page 21, art. XXXIX), à l'imitation des décrets impériaux, punissait de mort ceux qui, par leurs conseils ou en lui offrant un asile, excitaient ou favorisaient le libertinage.

Le nom seul de fille perdue appliqué à une femme de bonnes mœurs était une injure assez grave, aux yeux de ces peuples, pour que quelques-unes de leurs lois l'aient frappée d'une peine particulière. Rotharis (ROTHARIS, *Leges*, cap. CXCVIII; MURATORI, *Rer. italic. Script.*, II, 31) imposa pour cette injure vingt sous de composition à celui qui faisait amende honorable ou qui prouvait la vérité de son accusation, et une peine plus forte à l'homme qui, après avoir offert la preuve, ne réussissait pas à la produire. La loi salique, moins généreuse, déchargeait de toute peine l'accusé qui avait justifié son allégation; mais elle fixait à quarante sous dans un article (tit. XXXII, cap. V), et à quatre-vingt-sept dans un autre (tit. LXVII, cap. II), la composition du coupable. Plusieurs législateurs plus récents ont adopté des dispositions semblables. L'homme ou la femme qui se permettait une injure de cette espèce, envers une fille ou une veuve, devait, selon la Coutume de Champagne (art. 45), « cinq sols d'amende et l'escondit (excuse) à la femme; » et « s'il avenoit, ajoute la loi avec une délicatesse que nous voulons signaler, que la femme à qui l'en diroit le lait (l'injure) eust mary..., celle amende chiet à la volonté du seigneur jusque soixante sols. » Il fallait toutefois que le mari fût présent. Une autre coutume, que le *Dictionnaire encyclopédique de l'histoire de France* attribue, par erreur évidente, à La Pérouse (voy. le mot Prostitution), car nous n'avons trouvé aucune disposition semblable dans l'édition de sa Coutume qu'a donnée La Thaumassière (*Les anciennes et nouvelles Coutumes locales du Berry*, 1679, in-fol., p. 100), condamnait aussi, mais à une peine bizarre, la femme qui en accusait une autre de se livrer à la débauche publique : elle « paiera cinq sols, disait la loi, ou portera la pierre, toute nue en sa chemise, à la procession, et celle-là la poindra après, en la nage (fesse), d'un aiguillon ; et s'elle disoit autre villonie qui atoust à honte de corps, elle paieroit trois sols et li hons ainsin. » La loi espagnole prévoyait et punissait aussi ce délit (*Siete Partidas*, part. VII, tit. ix ; *De las Deshonrras*, 1. I). Enfin, et pour ne plus revenir sur ce chapitre des injures, les Coutumes de Cerny, en Laonais, et de La Fère (La Thaumassière, *ibid.*, 239-438), octroyées par Philippe-Auguste, permettaient à tout prud'homme, témoin des injures adressées à des gens de bien par une personne de mœurs scandaleuses, de réprimander la coupable et d'ajouter à sa réprimande « un ou deux coups de poing » (*colaphi*), pourvu qu'il n'y eût pas été poussé par quelque ancienne animosité et qu'il n'eût eu en vue que le bien de la commune.

Avant d'aller plus loin, il n'est pas sans intérêt,

ce nous semble, d'étudier quel fut sur la débauche publique l'avis de l'Église, inspiratrice constante et guide respecté durant ces temps du moyen âge. Certes, il n'y avait aucun vice qui fût une révolte plus audacieuse contre la foi chrétienne, qui dût répugner davantage à ses principes de renoncement, à son mépris pour les entraînements des sens, que celui dont nous nous occupons; mais plus elle haïssait les impuretés dont notre nature était souillée, plus elle reconnaissait le caractère indélébile de la tache qu'elles y avaient imprimée. Des chrétiens, d'ailleurs, ne pouvaient oublier qu'une courtisane avait essuyé de ses beaux cheveux les pieds du Christ, après les avoir inondés de ses larmes, et qu'elle avait été pardonnée par ces magnifiques paroles qui révèlent, dans l'amour même le plus déréglé, les traces de sa divine origine. La foi nouvelle avait donné aux générations, pour ouvrir les portes du ciel, la clef d'or du repentir. « Nous ne demandons pas aux chrétiens, disait saint Jérôme (*Epistola ad Furiam*), comment ils ont commencé, mais comment ils finissent; » et le baptême des larmes sanctifiait, à ses yeux, comme celui de l'eau consacrée. Ainsi, pendant tout le moyen âge, depuis saint Jérôme et saint Augustin jusqu'à saint Thomas, depuis le concile d'Elvire, au commencement du quatrième siècle, jusqu'à celui de Milan, vers la fin du seizième, l'Église ne cessa de s'élever contre les impuretés de la chair; mais, acceptant des nécessités insurmontables, et les purifiant en quelque façon au feu de ses ardentes espérances, elle transmit au monde moderne les traditions de la sagesse humaine avec les lois de l'empire et la tolérance obligée, se contentant d'aplanir toutes les voies du pardon et du retour devant les victimes des passions qu'elle ne pouvait vaincre.

Tandis que Cicéron (*Orat. pro Cœl.*, cap. 20) ne comprend pas qu'on puisse concevoir la pensée d'interdire à la jeunesse le commerce des courtisanes et avoue qu'une sévérité si grande serait en contradiction avec toutes les coutumes du passé aussi bien qu'avec le relâchement de son siècle; l'Eglise, s'adressant au vrai coupable, flétrit par la voix de tous ses docteurs, de tous ses ministres et de toutes ses assemblées, les libertins (*Sancti Cypriani epistola IX*, Labbe, t. Ier, col. 711) qui, plus coupables que les chrétiens assez faibles pour renier leur foi, souillent, dans le torrent fangeux des désirs grossiers, un corps sanctifié par la présence de Dieu.

Mais tandis que la loi des Juifs et celle des Romains couvrent d'une infamie indélébile la femme coupable et lui ferment toute voie à une vie meilleure en lui interdisant le mariage, le christianisme ne cherche en elle qu'une pécheresse (mot plein d'espérance, qui fait dans le lointain entrevoir le repentir); et il épuise toutes ses indulgences pour la ramener au bien : l'épouser, c'est-à-dire la racheter pour Dieu, devient une œuvre pieuse et méritoire. Le concile d'Elvire, le concile d'Aix, entre autres, réconcilient, sans exiger aucune pénitence, la femme débauchée qui, renonçant à ses désordres, se marie et conserve la foi conjugale. Dans l'âme corrompue et flétrie, la foi reconnaît encore la création de Dieu et s'efforce de lui rendre sa primitive beauté.

Toutefois, nous l'avons dit, le christianisme toléra la Prostitution ; il sentit qu'il lui était impossible de la détruire, et il comprit, d'ailleurs, que cette satisfaction donnée aux passions ardentes était une garantie offerte à l'honnêteté sans armes pour résister à la violence. « Supprimez les courtisanes, dit saint Augustin, vous allez tout bouleverser par le caprice des passions. » (*De ordine*, lib. II, cap. 12.) Saint Thomas ne veut pas, à son tour, que l'homme, plus exigeant que Dieu, cherche à réaliser la perfection dans un monde où Celui qui peut tout a permis au mal de tenir une place, de peur qu'en le faisant disparaître il n'engloutît avec lui le bien, dont le mal est inséparable. (LABBE, tom. XII, col. 1165.) Les conciles ont même plus d'une fois porté leur attention sur les règlements les plus propres à contenir ce fléau ou à le dissimuler, et un des membres du concile de Bâle (LABBE, *ibid.*) exposa, en 1431, devant les Pères de cette assemblée, dans un discours où il se préoccupait des moyens de corriger les mœurs de son temps, les principes qui avaient inspiré la législation du moyen âge, et les représenta comme les gardiens les moins impuissants de la décence publique; nous verrons bientôt comment on appliquait cette législation. Les règlements principaux d'une police de mœurs, commune à presque toutes les nations, se réduisaient à reléguer les femmes débauchées dans un quartier éloigné et peu fréquenté des villes; à les rassembler sur un même point, afin qu'on éprouvât plus de répugnance à les aller trouver et qu'elles ne pussent pas souiller les regards des honnêtes gens; à leur imposer un costume particulier qui les fît reconnaître, qui rendît leur honte publique, et qui préservât les femmes de bien des insultes et des agressions de la brutalité.

Mais il est un crime pour lequel l'Eglise fut toujours implacable et que le législateur, rendons ce témoignage à la moralité humaine, ne toléra jamais et ne considéra jamais avec indulgence, c'est celui des créatures dégradées dont nous ne pouvons pas écrire le vrai nom, qui vivent de la débauche d'autrui et qui mettent un art infernal à l'exciter et à en tirer profit. Ces auxiliaires du péché (pour nous servir des termes de la loi espagnole), par lesquels les bonnes deviennent mauvaises et les mauvaises deviennent pires (*Las Siete partidas del sabio rey don Alonso IX*, part. VII, tit. XXII), furent toujours frappés sans merci. Le concile d'Elvire refuse la réconciliation, même avant la mort, à ceux qui ont commis le *lenocinium* (canon XII). Le prédicateur Menot, dans son indignation, ne trouve pas que les supplices de l'enfer suffisent pour punir de tels misérables : « Malheureuse truande, s'écrie-t-il (*Serm. paris.*, fol. 90, cités par LABITTE, *Études littéraires*, tom. I, p. 290), tison d'enfer !... *Credis tu quod, cum maledicta anima tua damnata fuerit in penas eternas, Deus sit contentus? Non, non; augebitur pena tua.* » Et ailleurs (*ibid.*, fol. 169, *ubi sup.*), il annonce à la truande que « les jeunes filles qu'elle a séduites lui serviront en enfer de bourrées et de cotteretz pour lui chauffer ses trente costes. » Les peuples épuisèront, dans leurs lois criminelles, pour extirper ce vice odieux ou pour en punir les coupables, toutes les sévérités des supplices, toutes les formes du ridicule, de l'infamie et de la honte. Examinons en peu de mots les principales peines qu'avait édictées, pour ainsi dire, la conscience publique de tous les temps et de tous les pays.

En France, le châtiment appliqué aux proxénètes était, en général, arbitraire, proportionné à la qualité des parties et aux circonstances du fait (MERLIN, V° *Maquerellage*); toutefois, des lois, des coutumes et des usages locaux le déterminaient d'une façon plus précise. Une ordonnance du prévôt de Paris, du 18 septembre 1367, faisait « défense à toutes personnes de l'un et de l'autre sexe de s'entremettre de livrer ou administrer femmes pour faire péché de leur corps, à peine d'être tournées au pilori et brûlées, c'est-à-dire marquées d'un fer chaud et chassées hors de la ville. » (DELAMARRE, *Traité de la Pol.*, liv. III, tit. v, pag. 443.) Elle fut renouvelée le 8 janvier 1415, le 6 mars 1419, et sans doute bien d'autres fois encore. Nous voyons même, dans les Comptes de la ville de Paris, cités par Sauval (tom. III, *Preuves*, 261), qu'elle fut appliquée en 1416, car on payait à un certain Cassin La Botte le « prix d'une douzaine de boulayes neuves » employées pour assister à l'exécution de quelques-unes de ces malheureuses, « qui furent menées par les carrefours de Paris, tournées, brûlées, oreilles coupées, au pilori. » Quelquefois l'entremetteuse, comme nous l'apprend Muyart de Vouglans (*Les lois criminelles de France*, Paris, 1780, in-fol., liv. II, tit. IV, c. 2, § VIII, n° 4, p. 66), « étoit montée sur un âne, le visage tourné vers la queue, avec un chapeau de paille et un écriteau; » dans cet état, elle était promenée à travers la ville, fouettée par l'exécuteur, et enfin chassée du pays ou jetée en prison. Cette peine honteuse était encore infligée à Paris en 1756 ; elle paraît, d'ailleurs, avoir été assez répandue. Nous la retrouvons, dans le duché d'Aoste, appliquée également aux filles publiques qui manquaient aux règlements : elles étaient « menées par la ville à taborin sonnant, avec une esguillette sur l'épaule. » En cas de récidive, on les punissait « du carquant; » enfin, on bannissait les incorrigibles et on leur faisait subir une « autre plus grande peine arbitraire. » (*Coutume du duché d'Aouste*, Chambéry, 1588, in-fol., liv. VI, tit. VI, art. XVIII.) Un autre article de la même coutume frappait d'une peine arbitraire les « femmes qui attirent jeunes gens pour les decevoir et desbaucher, et à iceux faire perdre leurs biens. » (*Ibid.*, tit. I, art. LXXI.) Paulus Cypræus (PEDER KOFOD ANCHER, *vide sup.* — PAULI CYPRÆI *Commentarius in jus slevicense recentius*, tom. II, p. 31) vit souvent aussi, pendant l'espace de quatre ans, en Angleterre, la procession ignominieuse que nous avons décrite, et, bien qu'il ne l'indique que comme un supplice réservé aux filles de joie et aux libertins, nous n'hésitons pas à penser que ce châtiment fût aussi appliqué aux proxénètes. Il était accompagné de circonstances particulières. Le char des coupables était précédé de deux hommes qui menaient le branle, l'un avec une cithare à la main, l'autre frappant sur des cymbales; la foule suivait le cortége en l'accompagnant de mille injures, et couvrait de boue et d'immondices (*oletum et stercus*) ces misérables victimes.

Quelquefois on aggravait ou l'on variait la peine, en brûlant les cheveux de la condamnée. Ainsi, vers 1399, le bailli et les officiers de l'évêque de Paris, pour punir une femme qui avait « recepté et retrait plusieurs hommes et femmes mariéez et à marier, et les avoit esté et envoyé querir par ses certains messaiges, » ordonnèrent qu'elle fût « pilorisée, les cheveulx bruslez, bannie de la terre dudit évesque, et tous ses biens confisquez. » (Du-cange, *Gloss.*, V° *Capilli*.) En 1478, une autre femme, nommée Belut Cantine, d'Abbeville, « pour avoir voulu atraire... Jehannette, fille Witaxe de Queux, à soy en aler en la compaignie de ung nommé Franqueville, homme d'armes de la garnison de cette ville, » fut « menée mistrée en ung benel (tombereau) par les quarrefours, et ses cheveux bruslez au pillory; et ce fait, bannye de ladite ville et banlieue, sur le feu, à tousjours. » (*Id., ibid.*) M. Louandre nous apprend encore, dans son excellente *Histoire d'Abbeville* (tom. II, 213), que les filles publiques surprises en contravention étaient fouettées; et quelquefois assises sur un cheval à dos tranchant, appelé le *Chevalet*, situé sur la place Saint-Pierre. La ville de Bruges sévissait avec persévérance contre les proxénètes : ainsi qu'il résulte des paroles de Damhoudère, qui, dans le conseil de cette ville, eut *souvent* l'occasion de se prononcer sur des accusations de ce genre. Il déclare qu'il ne vit « oncques punir corporellement (ces femmes), ains seullement en dessoubz la mort, par bannissement, hors ou dedans la ville ou pays. » (*La Practique et Enchiridion des causes criminelles*, Louvain, 1555, in-4°, chap. xci, pag. 193.) La loi n'était guère plus sévère à Genève. Le coupable était « mitré, fouetté publiquement, banni perpétuellement sous peine de perdre la vie ; » et celui qui favorisait cet odieux commerce en louant ou prêtant sa maison, perdait son droit de propriété et se voyait « condamné d'abondance à dix livres d'or d'amende. » Une telle indulgence excitait la colère de Jean Duret contre les « sages cerveaux génevois qui ne trouvent rien bon du passé. » (*Traité des peines et amendes*, Lyon, 1583, fol. 105.) Il aurait voulu l'application de la loi romaine, c'est-à-dire la mort. Il avait, d'ailleurs, de quoi se consoler, car la mort était, dans cette république, le châtiment des pères, mères, parents, tuteurs, servantes ou nourrices, qui favorisaient le libertinage de celles qu'ils devaient protéger ou surveiller.

Le châtiment peut-être le plus souvent cité, et le plus bizarre, en effet, était usité à Toulouse. Il avait été d'abord infligé aux blasphémateurs, et il ne fut que plus tard étendu aux entremetteurs et « quelquefois aux femmes prostituées. » (LAFAILLE, *Annales de la ville de Toulouse*, Toulouse, 1687, in-fol., tom. II, pag. 188.) Voici comment Jousse nous le décrit (*Traité de la justice criminelle de France*, 1771, in-4°, tom. III, part. IV, liv. III, tit. XXXII, n° 9, pag. 813 : « On conduit à l'hôtel-de-ville celle qui est condamnée pour ce crime; l'exécuteur lui lie les mains, et la coiffe d'un bonnet fait en pain de sucre, orné de plumes, avec un écriteau derrière le dos. » Sur cet écriteau, on lisait la véritable qualification de la coupable, dont ne s'effarouchait guère la justice de ce temps-là, mais que nous n'osons pas transcrire. Jousse continue : « Ensuite, elle est conduite, près le pont, sur un rocher qui est au milieu de la rivière ; là on la fait entrer dans une cage de fer faite exprès, et on la plonge à trois fois différentes, et on la laisse *pendant quelque temps*, de manière cependant qu'elle ne puisse être suffoquée, *ce qui fait un spectacle qui attire la curiosité de presque tous les habitants de cette ville*. Cela fait, on conduit la femme ou la fille à l'hôpital, où elle est condamnée à passer le reste de ses jours dans le quartier de force. » Une peine toute semblable était en usage dans la ville de Bordeaux. (DUCANGE, *ubi sup.*, V° *Accabussare*.)

Des lettres de rémission de l'année 1357 (*id.*, *ibid.*, V° *Maquerellus*) nous apprennent qu'une certaine Ysabelle qui avait vendu une jeune fille à un chanoine, après avoir été exposée sur une échelle, et là tourmentée et brûlée avec une torche ardente, fut bannie de la terre où elle avait commis son crime. L'édit promulgué par Charles-Quint en 1532, et connu sous le nom de la *Caroline*, prononçait aussi des peines sévères contre les corrupteurs de la morale publique qui entraînaient les jeunes filles à la débauche ou qui prêtaient un asile à leurs désordres. Ils étaient, suivant la gravité des cas, condamnés au bannissement et exposés au carcan ; on leur coupait les oreilles ou on les frappait de verges (*Code criminel de l'empereur Charles V*, Paris, 1734, in-4°, art. 123, pag. 185); le père, la mère ou l'époux qui, poussés par une cupidité sordide, avaient excité le libertinage d'une fille ou d'une épouse, étaient frappés selon la rigueur des lois, c'est-à-dire du dernier supplice.

La coutume de Bayonne prononçait la peine du fouet et le bannissement pour une première faute; en cas de récidive, la mort. Celle de Marseille n'était pas moins sévère. Mais les législations les plus rigoureuses, les plus complètes et les plus précises sur le sujet qui nous occupe, sont certainement celles des royaumes de Naples, d'Espagne et de Portugal. Là nous retrouvons les classifications savantes et les définitions claires de nos codes modernes, et l'on sent, aux précautions que prend le prince pour prévoir tous les cas, à la décision avec laquelle il frappe tous les coupables, que nous sommes sous des climats où sans cesse l'ardeur du sang met en danger le repos public, où l'on ne saurait entourer d'une protection trop active les natures si facilement emportées par le souffle de leurs désirs. Nous verrons ces lois quelquefois trop indulgentes pour des passions que les mœurs acceptaient, mais nous les trouvons inflexibles pour la cupidité qui faisait de ces passions la base coupable de son trafic.

Les premières lois que nous rencontrons dans le royaume de Naples sont les constitutions rédigées par les rois Roger et Guillaume, confirmées et fort étendues par Frédéric II en 1221. (*Codex legum antiquarum*, Francfort, 1613, in-fol.; *Constitutionum neapolitanarum sive sicularum, libri tres.*) En vertu de ces lois, toute femme qui cherchait à corrompre une épouse ou une jeune fille de mœurs irréprochables, placée sous la garde et au foyer de ses protecteurs naturels, époux, frères, tuteurs ou tous autres, était frappée de la même peine que la femme adultère : elle avait le nez coupé. (Lib. III, tit. XLVIII. *De matribus suas filias exponentibus.*) Lorsque ses coupables menées n'avaient pris pour victime qu'une femme indépendante, sans défenseurs, mais aussi sans famille sur qui pût rejaillir la honte, et que la loi supposait disposée d'elle-même à céder à la séduction, la *lena*, par un adoucissement à la loi de l'empereur Frédéric, ne subissait qu'en cas de récidive la peine que nous venons d'indiquer; pour la première fois, on se contentait de la fouetter et de la marquer au front. (Lib. III, tit. LII. *De Lenonibus.*) La mère qui prostituait sa fille était aussi, par la disposition du roi Roger qui frappait l'entremetteuse, condamnée, comme elle, à la perte du nez, « parce qu'il est inhumain et cruel de vendre la chasteté de ses entrailles. » (*Id., ibid.*, tit. XLVIII.) Mais Frédéric, qui fut un poète couronné, avait, par une indulgence que ses mœurs rendent moins surprenante, absous la mère que la misère avait poussée à faire de l'honneur de sa fille un trafic dont elle pût vivre, *sustentationem vitæ*.

(*Id.*, *ibid.*, tit. LIII.) Le même prince, précisant et aggravant la loi de son prédécesseur, prononça la peine capitale contre celui qui préparait, vendait ou achetait un breuvage destiné à assoupir les sens ou à les enflammer (*poculum amatorium*), lorsque ce breuvage avait produit la mort ou la folie, ou lorsqu'il en était résulté quelque dommage; dans le cas contraire, la peine s'abaissait jusqu'à un an de prison. Le législateur, il est vrai, ne semblait pas croire beaucoup à l'efficacité de pareils breuvages; mais il ne voulait pas laisser impunie, disait-il, l'intention manifeste de nuire. (*Id.*, *ibid.*, tit. XLII, 1, 2, 3.)

Ces mesures avaient été inefficaces, et beaucoup d'autres sans doute dont le souvenir n'est pas venu jusqu'à nous. Charles d'Anjou notamment avait prononcé des peines contre la « lenoine » (DUCANGE, *Gloss.*, V° *Lenonia*), pour l'empêcher de s'étendre toujours davantage, et, vers la fin du quinzième siècle, le désordre était devenu tel qu'il fallait sérieusement penser à le comprimer. Les *ruffians* ne se contentaient plus d'extorquer par des caresses ou par des menaces l'odieux salaire des malheureuses dont ils partageaient la vie ou dont ils avaient préparé l'infamie; il ne leur suffisait pas de puiser à cette source impure le moyen d'entretenir leur oisiveté au milieu des tavernes et des brelans (*Pragmatica, edicta*, etc., *regni Napolitani, per Blasium Altimarum*, Neap., 1682, in-f°, tit. LXXIX.

De lenonibus, pragm. 1, tom. II, pag. 564) : le vol et l'assassinat complétaient cette vie de brigandage, et, parcourant armés les rues et les quartiers de Naples, ils jetaient l'épouvante parmi les bons citoyens. Ferdinand Ier, dans une pragmatique de 1480, voulut, par des mesures sévères, détruire cette race dangereuse et abolir jusqu'à son nom (*lenonum nomen extinguere*). Il ordonna, en conséquence, que ces misérables seraient punis du dernier supplice. Il prononça des amendes considérables, exigibles par corps, contre ceux qui, en leur donnant un asile, leur fournissaient les moyens d'échapper à la loi. Ces amendes étaient ainsi fixées : pour un baron ou une municipalité, deux cents onces; pour un bourgeois noble, cent onces; pour un homme du peuple ou un paysan, cinquante. Elles étaient versées dans le trésor royal. Les magistrats étaient passibles d'une amende de cent onces, ou même plus considérable, s'ils négligeaient de poursuivre les coupables, de s'emparer d'eux et de les faire remettre sous bonne garde à la cour du vice-roi. Cette loi rigoureuse produisit-elle son effet? Il est permis d'en douter. La guerre et les troubles n'avaient fait qu'augmenter le désordre : car, en 1507 (tit. LXXXVII. *De meretricibus, pragm.*, t. II, pag. 615), on renouvelait les dispositions, en les affaiblissant; des peines trop sévères peut-être avaient compromis la répression qu'on cherchait. Il était enjoint aux ruffians, *à quelque nation qu'ils appartinssent*, de quitter Naples et le royaume dans un délai de dix jours, et de n'y pas rentrer *sans en avoir obtenu du roi lui-même ou du vice-roi la permission* : faute de quoi ils seraient envoyés aux galères pour un temps indéterminé. On défendait en même temps aux femmes publiques de garder auprès d'elles, d'entretenir et de nourrir des hommes de cette espèce, publiquement ou en secret, et celles qui désobéissaient à la loi étaient honteusement fouettées (*vituperamente frustate*), marquées au front d'un fer chaud et chassées du royaume.

Le code d'Alphonse IX, roi de Castille, qui appartient à la seconde moitié du douzième siècle, rangeait les proxénètes (*alcahuete*) dans la classe des personnes infâmes (*Las Siete partidas*, part. VII, tit. VI, *ley* 4); et l'infamie, ici comme dans la législation romaine, entraînait une sorte de mort civile. Chacun pouvait se porter leur accusateur. La loi castillane les partageait en cinq classes distinctes (*id.*, *ibid.*, tit. XXII, *leyes* 1 et 2) et passibles de peines différentes. La première était composée des hommes qui vivent de la débauche et qui la protégent : on se contentait de les expulser. Dans la seconde se plaçaient les spéculateurs qui louent leurs maisons à des femmes perdues pour l'exercice de leur métier : la maison était confisquée au profit du trésor royal, et le contrevenant payait en outre dix livres d'or. A la troisième classe appartenaient les hommes ou les femmes qui tenaient des maisons de débauche en gardant pour eux le salaire de la Prostitution : si les femmes dont ils vendaient la possession étaient esclaves, la loi leur rendait la liberté; si elles étaient libres, elle obligeait, sous peine de mort, leur corrupteur à leur fournir une dot et à les mettre ainsi en état de se marier. Elle condamnait également à mort le mari qui souffrait le déshonneur de sa femme, et toute personne qui provoquait au libertinage une femme de bonne renommée, mariée, veuve, fille ou religieuse. D. Henrique IV rendit, en 1469 (*Novisima recopilacion de las leyes de Espana*, Paris, 1846, in-4°, lib. XII, tit. XXVII, l. 1), une pragmatique qui rappelle, par ses dispositions, celle qui fut plus tard, en 1507, portée dans le royaume de Naples. Il y fait le même tableau des désordres auxquels se livraient les ruffians; mais les peines y sont moins sévères. Les filles qui les soutiennent sont condamnées à recevoir publiquement cent coups de fouet et à la confiscation des vêtements dont elles sont couvertes au moment de leur arrestation. Leurs compagnons sont, pour la première fois, condamnés à la même peine; pour la seconde fois, ils sont chassés à perpétuité de la ville où ils ont été pris; et pour la troisième, seulement envoyés aux galères : dans tous les cas, leurs armes et leurs vêtements demeurent confisqués. Les sommes produites par les confiscations se partageaient entre les juges et celui, alguazil ou citoyen, qui avait livré le coupable à la justice. De nouvelles pragmatiques, promulguées un siècle plus tard, en 1552 et 1566, aggravaient beaucoup ces peines : le ruffian était d'abord condamné à dix ans de galère; et en cas de récidive, à cent coups de fouet et aux galères perpétuelles.

Le code de Portugal, compilé par Alphonse V, vers le milieu du quinzième siècle, interdisait absolument l'exploitation en quelque façon régulière, la coupable industrie de ceux qui gardent chez eux et exploitent à leur profit les malheureuses qu'ils offrent à la luxure publique. (*Ordonaçoes e leis do reino de Portugal*, Lisboa, 1603, in-f°, liv. V, tit. xxxiii). La loi les appelle *ruffians* et les condamne à la peine publique du fouet, à une amende de mille reis, à l'exil en Afrique pour les hommes et à Castro-Marim pour les femmes. Les coupables cependant qui jouissent des priviléges de la noblesse, en sont quittes pour payer l'amende et sortir du pays. Quant aux entremetteurs et aux entremetteuses (*ib., ibid.*, tit. xxxii), à ceux qui servent et favorisent le libertinage dont la séduction seule est la source (*alcoviteiros alcove*), ils subissaient, par une juste sévérité de la loi, des peines beaucoup plus graves : pour ceux qui détournaient de leur devoir une femme mariée, ou bien leur fille ou leur sœur confiée à leur garde et vivant sous le même toit; pour ceux qui livraient une femme chrétienne à un juif ou à un infidèle, c'était la mort avec la confiscation des biens. Le châtiment s'abaissait depuis l'exil perpétuel au Brésil jusqu'au bannissement du pays où s'était accompli le crime. La simple tentative, non suivie d'effet, était passible de l'exil au Brésil ou en Afrique, et les coupables que l'on n'envoyait pas au-delà des mers devaient porter à jamais sur leur tête une coiffure (*polaïna*) de couleur rouge qui annonçait à tous leur honteuse industrie.

Dans ce voyage à travers toutes les corruptions de l'Europe, nous pouvons nous reposer un instant sur un petit coin de terre où les mœurs paraissent avoir été plus pures. « Sur le crime des proxénètes, » dit Stiernhöök, l'historien du droit suédois, dont nous voulons accepter le témoignage, « anciennes ou nouvelles, nos lois gardent le silence, et témoignent ainsi qu'inconnu même de nom, il inspirait une répulsion plus grande que si elles eussent pris soin de le punir. »

L'excitation à la débauche fut, nous venons de le voir, considérée, partout et toujours, comme un crime digne de la plus grande sévérité des lois; mais la Prostitution elle-même ne fut pas tolérée sans interruption, et le législateur sentit quelquefois la nécessité de tourner ses efforts contre elle. Il semble même que ce soit dans notre pays qu'on l'ait combattue avec le plus de persévérance. Cependant il ne faudrait pas prendre trop à la lettre les ordonnances qui s'annonçaient avec la prétention de la faire disparaître, car elles avaient plutôt l'espérance de la comprimer que de la détruire. Elles ne « s'observent pas à la rigueur, dit Jousse (t. III, art. iv, liv. iii, tit. vii), à cause du grand nombre des coupables qu'il faudrait punir; on se contente de faire des exemples de temps en temps et de punir celles qui sont les plus débordées. » Ceci a été vrai de tous les temps, et l'éclat de la menace ne prouve que la gravité du mal. Quoi qu'il en soit, nous trouvons la première mesure prise en France contre la Prostitution dans un capitulaire de Charlemagne; c'est une prohibition absolue. (BALUZE, *Capitul.*, t. I, p. 342, *De minist. Palatii.*) L'empereur ordonne d'abord aux officiers de son palais, puis à ceux des résidences des princes de sa famille, à ceux de ses fermes, de ses domaines, et à un certain Ernaldus, qui semble être plus spécialement préposé à la police de la ville, de faire une enquête sévère dans les demeures royales, dans les habitations des officiers, des serviteurs, des serfs, dans les maisons de la ville, dans les marchés, chez les chrétiens et chez les juifs, afin de s'assurer que des filles publiques ou des gens sans aveu ne s'y tiennent pas cachés. Ceux qui y seraient trouvés doivent être gardés en prison jusqu'à ce qu'il en ait reçu avis. Défense expresse est faite à tous de recueillir chez eux, à l'avenir, des gens de cette espèce, et les contrevenants sont condamnés à porter sur leurs épaules, jusqu'à la place du marché, la femme coupable qui doit y être frappée de verges. En cas de refus, ils subissent la même peine. Par une coïncidence bizarre (PLUTARCH., *in Vita Artaxercis*), c'était aussi un châtiment usité et le plus infamant de tous chez les Perses, que de porter sur son dos une femme débauchée.

Après Charlemagne, il faut arriver jusqu'à saint Louis pour trouver des mesures législatives contre la dépravation des mœurs. Pendant trois siècles et demi, dans un temps d'anarchie presque absolue, en l'absence à peu près complète de toute police, chez un peuple barbare, grossier et violent, il est facile d'imaginer tous les progrès que firent le désordre et l'immoralité : les filles publiques se multiplièrent outre mesure; elles envahirent les villes, elles les remplirent de scandales, et jamais, selon Sauval, elles ne furent aussi nombreuses dans le royaume, que pendant les années qui s'écoulèrent du règne de Philippe-Auguste à celui de Louis IX. En l'an 1073, Grégoire VII se plaignait amèrement, dans une lettre à Robert, comte de Flandre, de la licence effrénée des sujets de ce prince (*Concil.*, éd. Labbe, tom. IX, p. 158); et Jacques de Vitry nous a tracé un saisissant tableau du spectacle qu'offrait à cette époque Paris, séjour déjà illustre, sur lequel le monde avait les regards fixés et où, de tous les pays, affluaient les esprits actifs et les passions ardentes, pour puiser à la double coupe de la science et de la volupté. « Les filles publiques, dit-il, partout errantes par les rues et les places de la cité, provoquent les clercs à leur passage et les entraînent comme par violence dans leurs lupanars publics; que s'ils refusent, elles les poursuivent des plus grossières injures. Dans la même maison, on trouve des écoles en haut, des lieux de débauche en bas : au premier étage, les professeurs donnent leurs leçons; au-dessous, les femmes débauchées exercent leur honteux métier, et, tandis que d'un côté celles-ci se querellent entre elles ou avec leurs amants, de l'autre retentissent les savantes disputes et les argumentations des écoliers. » (*Historia occidentalis*, cap. VII, ap. BULÆUM, *Hist. univ. Paris*. Paris, 1665, tom. II, 687.) Parmi cette jeunesse corrompue, sans famille et sans guides, recrutée dans tous les points du globe, la prodigalité et les dépenses honteuses passaient pour libéralité; la tempérance, la piété et la justice, pour avarice et pour hypocrisie. Paris, dans certaines de ses parties, n'a peut-être pas, autant qu'on croit, changé d'aspect.

Sauval raconte (*Antiquités de Paris*, II, liv. XI, 617; liv. XII, 650), et Merlin (*Rép. de Jurisp.*, V° *Bord...*) affirme, après lui, que les *femmes amoureuses* formaient alors une corporation comme les gens des autres métiers, qu'elles avaient leurs statuts, leurs fêtes, leurs processions et leur patronne, sainte Madeleine, leurs juges et leur juridiction ; mais sans apporter aucune preuve de ce fait, l'historien se contente de l'appuyer sur la tradition des filles folles elles-mêmes. Le lecteur jugera.

Un tel état de choses mettait, on le comprend, à une terrible épreuve les scrupules et l'austère piété de Louis IX. La législation, pendant son règne, fut hésitante et contradictoire, sévissant outre mesure et reculant tour à tour. On y sent la lutte entre les aspirations d'une moralité supérieure et les nécessités humaines. En 1254, dans une ordonnance rendue pour la réformation des mœurs du royaume, le roi tenta d'abolir la Prostitution. « Item, dit cette ordonnance dans son vingt-septième paragraphe (LAURIÈRE, *Ordonn. des rois de la 3ᵉ race*, I, 74 *bis*, décembre 1254), soient boutées hors communes ribaudes tant de champs comme de villes, et faites les monitions ou deffenses ; leurs biens soient pris par les juges des lieux ou par leur autorité, et si soient despouillez jusqu'à la cote ou au pelicon, et qui louera maison à ribaude ou recevra ribauderie en sa maison, il soit tenu de payer au bailli du lieu, ou au prévost, ou au juge, autant comme la pension vaut en un an. »

Le saint roi manqua son but, et le mal empira. L'ordonnance fut exécutée avec rigueur. (DELAMARE, *ubi sup.*, p. 442.) La Prostitution clandestine succéda à la Prostitution jusqu'à un certain point surveillée; elle n'en fut ni moins active ni moins scandaleuse; les femmes honnêtes ne vécurent plus en sûreté dans des villes où les filles publiques étaient obligées de se dissimuler et de se confondre avec elles; celles-ci, d'ailleurs, activement poursuivies, se réfugièrent dans les campagnes et les corrompirent, et après deux ans d'essais, il fallut tolérer un fléau qu'on ne pouvait vaincre. C'est en 1256, par une nouvelle publication de la précédente ordonnance (LAURIÈRE, *ibid.*, p. 79), que le roi revint sur sa première décision. Il fit en même temps tout ce qu'il put pour poser des limites au libertinage. Il voulut que tout homme qui fréquentait les maisons de filles fût « réputé infâme et débouté de tout témoignage de vérité, » et, clause singulière, qui ouvre un point de vue étrange sur les mœurs de ce temps, il se crut obligé d'en interdire l'accès « à tous les sénéschaux, baillis et tous autres officiaux et servicials de quelque estat ou condition que ils soient. » Pendant treize ans, cette tolérance fut maintenue; en 1269, Louis IX qui, selon l'expression de Sauval (*ubi sup.*, I, liv. IV, 470), semblait avoir pour les ribaudes une « malice instruite et disciplinée, » écrivit à Mathieu, abbé de Saint-Denis, et à Simon de Nesle, avant de partir pour la croisade — avant presque de mourir — une lettre datée d'Aiguemortes (LAURIÈRE, *ubi sup.*, p. 105, 25 juin) dans laquelle il ordonnait qu'on sévît de nouveau et que les lieux de débauche fussent définitivement abolis. Charles d'Anjou, son frère, poursuivit la même tâche, et en autorisant les statuts de son comté de Provence, il défendit à tous les officiers de donner retrait aux femmes perdues, sous peine de la perte de leur office et de 100 livres-couronnes d'amende. (DELAMARE, *ubi sup.*, p. 442.)

Les ordonnances de saint Louis formèrent en quelque façon le droit sur la matière pendant tout le Moyen Age; celle de Philippe-le-Hardi, publiée en 1272 au parlement de l'Ascension, n'en est, à vrai dire, qu'une confirmation (JOINVILLE, édit. de Ducange, *Observat.*, pag. 105. — BLANCHARD, *Compilation chronologique des ordonnances*, 1715, in-fol.; I, pag. 23). Louis XI les confirma à son tour, au mois de mai de l'an 1462. (*Ordonn. des rois de France,* tom. XX pag. 180.)

Les quinzième et seizième siècles, tout remplis de troubles et de guerres, virent encore s'accroître le fléau de la Prostitution. Nous trouvons, en 1503, une assemblée de curés et de vicaires de Paris, rappelés par le chancelier de l'évêché à l'exécution des statuts synodaux et invités à dénoncer l'existence des maisons mal famées établies dans leurs paroisses. (SAUVAL, *ubi sup.*, III, *Preuves*, 218.) Dans ce temps, on comptait à Paris 6,000 filles publiques (DULAURE, *Hist. de Paris*, cité par SABATIER, *Hist. de la législ. sur les femmes publiques*, 1830, in-8°, p. 135), et le dévergondage des mœurs était arrivé à un tel point, le commerce de ces femmes impures était si bien accepté par l'opinion, qu'au témoignage de Meiners (*Mœurs du Moyen Age,* I, 262), cité par Koch, les créanciers n'auraient pas osé l'interdire à leurs débiteurs, que, suivant la loi, ils retenaient en otage. On prit et on renouvela, pour atténuer le scandale qui s'aggravait tous les jours, un grand nombre de mesures également inutiles, et enfin les généraux convoqués à Orléans tentèrent encore une fois, dans le grand édit qu'ils promulguèrent en 1560, de prononcer une interdiction absolue. En vertu de l'art. 101 de cet édit, quiconque tiendrait une maison de débauche devait être « puni extraordinairement sans dissimulation ou connivence des juges, à peine de privation de leurs offices.» (DELAMARE, p. 443.) Cette mesure sévèrement exécutée produisit son effet accoutumé : le mal s'étendit en se cachant, et, comme après l'ordonnance de saint Louis, exerça de plus funestes ravages. Il fallut donc en revenir à la tolérance avouée; mais l'époque à laquelle furent portés ces règlements nouveaux dépasse les limites qui nous sont tracées.

Lorsque saint Louis avait été obligé d'admettre dans son royaume l'existence des lieux de débauche, il ne leur avait pas permis cependant de se multiplier librement et de se répandre sans contrôle. L'ordonnance de 1256, que nous avons déjà citée (Laurière, *ubi sup.*, I, 79), veut que les *foles fammes* soient « especiallement boutées hors des rues qui sont en cuer desdites bonnes villes, et mises hors des murr, et loing de tous lieus saints comme églises et cimetières, et quiconque loëra maison nulle ès di tescités et bonnes villes et lieus à ce non establis, à folles femmes communes, ou les recevra en sa maison, il rendra et payera, aux establis à ce garder, le loyer de la maison, d'un an. » C'était une coutume, adoptée dans l'Europe entière par tous les jurisconsultes et par tous les magistrats, de reléguer la débauche publique dans les faubourgs et hors de l'enceinte des villes. On espérait ainsi soustraire le spectacle du libertinage aux regards des gens de bien et aux tentations des hommes de mœurs dépravées. On voulait aussi que ces derniers fussent retenus par la honte d'entrer dans des quartiers diffamés et d'afficher publiquement leur débauche. La coutume d'Aoste punissait de cinq florins pour la première fois, de dix pour la deuxième, d'une peine arbitraire pour la troisième, et, de plus, du bannissement, quiconque louait aux « femmes abandonnées » maisons ou chambres « en rues publiques. » (*Coutume du duché d'Aouste*, tit. VI, art. xix.) Le comte de Montfort, dans des Coutumes approuvées par lui, à Pamiers, en 1212, recommandait que les filles de joie fussent obligées d'habiter hors des murs dans toutes les villes de ses domaines. (Martène, *Thes. nov. ancedot.*, I, col.

837.) Nous trouvons encore la trace et la preuve de cette ancienne coutume, soit dans les noms que jusqu'à notre temps ont conservés beaucoup de rues dans les villes de notre pays, soit dans les surnoms que l'on donnait aux femmes débauchées elles-mêmes. Nous ne citerons que deux exemples des premiers; leur forme restée toute latine les déguise, si nous ne nous trompons, suffisamment. Au coin d'une des rues de Blois, chacun peut lire aujourd'hui le nom de *Rebrousse-Penil*, et celui de *Pousse-Penil* appartient également à une rue d'Issoudun. Quant à leurs tristes locataires, obligées de se fixer aux alentours des villes, dans les faubourgs et dans les campagnes, on les appelait tour à tour: *femmes séant aux haies* ou *ès issues des villages* (Duc., Ducloss, V° *Borda*); *filles de chemins, fames de chans* (id., V° *Cheminus*) ou *femmes cloistrières* (*claustra montium*) id., V° *Clausuræ*). « Item que toutes filles de vie cloistrière ou femmes communes diffamées voïsent tenir, tiennent et fassent leurs bouticles ès lieux a ce ordonnés d'ancienneté en ladite ville » (de Troyes). Lorsqu'elles sortaient des lieux qui leur étaient assignés, elles pouvaient être chassées, et, comme nous l'avons vu, ceux qui leur louaient s'exposaient à l'amende. La plainte de deux voisins de bonne renommée suffisait pour faire ordonner leur éviction. (DELAMARE, *ubi sup.*, *Ordonn. du prévôt de Paris*: 18 septembre 1367, 8 janvier 1415, 6 mars 1419; SAUVAL,

III, *Comptes*, p. 652; *Coutume d'Aoste*, *ubi sup.*, art. xx; Gasp. Antonii *Thesauri quæstionum forensium liber* I, Mediolani, 1607, *Quæst* xxxiii, n° 2; Legrand, *Coutume de Gand*, rub. XI, art. xxiii, I, 50.) Lors même que la femme était propriétaire de la maison qu'elle habitait, on la contraignait de l'abandonner et de la vendre, ainsi qu'il fut jugé, par arrêt du parlement de Paris du 11 septembre 1542, sur la plainte d'un des locataires; un autre arrêt du 10 février 1544 prononça « qu'une femme de mauvaise vie ne seroit point reçue à se faire adjuger le bail judiciaire d'une maison saisie, encore qu'elle offrit d'en donner plus qu'un autre. » (Delamare, *ubi sup.*) Lorsque la peste sévissait dans un pays, ces pécheresses devenaient l'objet de mesures exceptionnelles; on les chassait tout à fait ou on les jetait en prison, non pas seulement qu'on les crût plus propres par leur intempérance ou par leurs mœurs grossières à propager la contagion, mais aussi parce que c'était une opinion de ce temps, confirmée par la science moderne, que les plaisirs dont elles faisaient commerce développaient les germes du fléau. (Pauli Zacchiæ, *Quæstionum medicolegalium opus*, Francfort, 1688, in-f°, I, 318, lib. III, tit. iii, *quæst.* iv.) Ainsi, en 1557, il fut enjoint aux femmes débauchées de Toulouse de rester enfermées dans leur maison, pendant la durée de l'épidémie, sous peine du fouet. (Lafaille, *ubi sup.*, II, 189.)

A Paris les femmes *de petit gouvernement*, comme on les appelait encore (Ducange, *Gloss.*, V° *Femina*), se réunissaient dans des lieux nommés *clapiers*, par allusion à la vie brutale et souterraine qu'elles y menaient, et désignés encore sous un autre nom que nous ne voulons pas écrire. Si le Moyen Age le prononçait sans scrupule, il ne faut pas s'en étonner, car ce mot n'avait pas, dans la langue de ce temps, le sens grossier qu'il a pris dans la nôtre, celui des idées précisément qu'il rappelle; non pas que nous puissions, avec le jurisconsulte Bouchel, voir dans ce mot une allusion poétique à la naissance d'Aphrodite, éclose près du rivage et de l'écume des flots (αφρος, écume; Merlin, V° *Bord...*), mais il est simplement le diminutif d'un mot saxon qui signifiait maison, et l'on trouve encore en France un grand nombre de villages appelés *les Bordes*. Les filles amoureuses n'habitaient pas, à vrai dire, les maisons où elles attendaient les visites des libertins; c'étaient des asiles communs à plusieurs d'entre elles, où elles se réunissaient pendant le jour, et des règlements, renouvelés deux fois chaque année et toujours éludés par une classe rebelle à toute discipline, déterminaient les heures pendant lesquelles ces *clapiers* pouvaient être occupés. Elles y venaient le matin, comme à un bureau; elles en sortaient le soir, aussitôt après le couvre-feu sonné, sous peine de vingt sous parisis d'amende. Hors de là, elles devaient tenir une conduite décente, et la loi leur défendait d'exercer dans leur propre demeure leur scandaleux métier. (Delamare, *Ordonn. du prév. de Paris* : 17 mars 1374 et 20 juin 1395.) L'administration n'avait pas permis que les nuits pussent être troublées par les désordres et les violences des débauchés.

Une ordonnance du prévôt de Paris, du 18 septembre 1367 (Delamare, *ubi sup.*), nous apprend quels sont les lieux qu'il leur était permis d'habiter dans Paris. C'étaient la rue de l'Abreuvoir-Macon, la Boucherie, les rues de Froidmantel, près le clos Bruneau, et de Glatigny; la cour Robert-de-Paris, les rues Baillohé, Tyron, du Chapon et Champ-Fleury. Delamare cite une ordonnance de Charles VI, qui y ajoute la rue Pavée. (*Ubi sup.*, 14 septembre 1420.) Chose remarquable, ce sont encore les emplacements où, après plusieurs siècles et tant de changements dans nos habitudes et dans la ville même, on retrouve la même population et les mêmes spectacles. (Parent-Duchatelet, I, 301.) Ils passaient pour être précisément ceux que saint Louis avait abandonnés aux femmes débauchées. (Sauval, III, *Comptes*, 652.) Lorsqu'on les trouvait ailleurs, les sergents avaient le droit de les arrêter, sur la plainte de deux voisins. Le tribunal du Châtelet, devant lequel elles comparaissaient, les condamnait au bannissement, et à huit sous d'amende attribués au sergent qui les avait surprises. Il ne faut pas croire cependant qu'elles se renfermassent de bon gré dans leur domaine : elles ne cessaient de s'étendre dans les rues interdites. Une ordonnance de Charles VI, du 3 août 1381 (Laurière, VI, 611), les chassait des rues Beaubourg, Geoffroy-l'Angevin, des Jongleurs, de Symon-le-Franc, des environs de Saint-Denis-la-Chastre, et de la fontaine Maubué, qu'elles avaient, à ce qu'il paraît, envahis. Il en fut de même de la rue Bourg-l'Abbé, devenue proverbiale: « Ce sont gens de la rue Bourg-l'Abbé, disait-on, ils ne demandent qu'amour et simplesse » (Sauval, I, 120); des rues Brise-Miche, du Grand et du Petit Heuleu, du Regnard, Transnonain, des Deux-Portes, du Pélican, Beaurepaire, Tireboudin, et de bien d'autres. En vain, l'ordonnance de 1481, l'arrêt du parlement de 1486, les ordonnances des prévôts de Paris de 1415 et 1419 renouvelaient les dispositions de celle d'Aubriot, rendue en 1367 (Delamare, Sauval), leur enjoignant de faire leur demeure « ès lieus et places publiques à eux ordonnez d'ancienneté pour tenir leurs bouticles au pechié dessusdit..., sous peine d'être mises en prison et d'amende volontaire. » (Ducange, V° *Gynœccum*.) Rien n'y faisait; le flot montait toujours. La débauche sans nom, le vice abject dans l'abjection même, la hideuse crapule avait aussi dans la ville ses retraites mystérieuses. Entre les premières maisons du Petit-Pont et le Marché-Neuf, s'ouvrait une ruelle infecte qui livrait passage, *sous les logis du Petit-Pont*, dans des cavernes immondes où la lie de la population allait *mener une vie étrange.* (Sauval., I, 174.) Cette ruelle fut fermée en 1558. Enfin, au milieu des truands ou des voleurs, dans la Cour des Miracles, deux liards semblaient un suffisant salaire à des créatures qui n'avaient plus de la femme que le nom, ou, mieux encore, c'étaient elles qui achetaient une fécondité funeste, moyen d'attirer la commissération publique et de grossir leurs profits. (*Id.*, *ibid.*, liv. v, p. 512.)

En 1368, l'évêque de Châlons, qui était membre du conseil du roi, et dont le manoir bordait la rue Chapon, nouvellement enfermée dans l'enceinte de la ville, se plaignit, à son maître, du voisinage incommode et peu édifiant auquel il était condamné. Charles V rendit une ordonnance pour chasser de ce lieu les femmes débauchées; mais Sauval affirme qu'elles résistèrent à cette injonction et qu'elles tinrent bon, malgré le roi et malgré l'évêque. (Laurière, V, p. 164 : 8 fév. 1368. Sauval., liv. vii, t. II, 78. — Delamare, *ubi sup.*) Dix-neuf ans plus tard, en 1387, elles engagèrent de nouveau la lutte, et cette fois elles eurent pour auxiliaires les graves magistrats du parlement de Paris. C'est encore la rue Chapon qui en fut le théâtre. Aux réclamations pressantes de quelques habitants répondirent les oppositions d'autres bourgeois, de ceux sans doute qui louaient leurs maisons aux femmes de mauvaise vie. Le prévôt de Paris prit en vain des mesures de rigueur, et, par un appel au parlement, qui, un an auparavant, avait confirmé tous les règlements sévères du magistrat municipal, la rue Chapon fut maintenue dans le droit de servir d'asile à la débauche publique. (Parent-Duchatelet, II, 448.) Au commencement du quinzième siècle, les filles de la rue Baillehoé, tout près de l'église Saint-Merry, étaient un objet de scandale pour les fidèles; les marguilliers et les bourgeois réclamèrent. C'était alors Henri VI d'Angleterre qui était maître de Paris; il se rendit à leurs vœux, « en faveur d'iceulx exposans de leurs femmes et enfants, » et considérant d'ailleurs qu'il y avait dans la ville « moult d'autres lieux et places ordonnés et mesmement assez près d'ilec, » il ordonna aux femmes « de la vile condicion dessusdite » de reculer jusqu'à la cour Robert dont elles étaient depuis longtemps en possession et d'abandonner la rue Baillehoé. Les chanoines, dit-on, propriétaire des maisons qu'elles habitaient, tentèrent de s'opposer à l'exécution de l'ordonnance. (Laurière, XIII, 46; Isambert, *Recueil des lois franç.*, VIII, 584.) En juillet 1480, les « femmes de vie deshonnête » furent expulsées, par arrêt du parlement, de la rue des Canettes et autres voisines. (Sauval, III, *Comptes*, p. 652.) Enfin parut l'édit d'abolition de l'an 1560, dont nous avons parlé. Il fut, avons-nous dit, exécuté avec zèle et rigueur; cependant les locataires de la rue du Heuleu (laquelle avait pris son nom des clameurs dont étaient poursuivis ceux qui s'y engageaient), aidées de leurs propriétaires, à ce qu'il semble, épuisèrent toutes les voies de la chicane pour garder, les unes leurs clapiers, les autres leurs profits. Tous en appelèrent au Châtelet, et, condamnés à ce tribunal, ils ne craignirent pas de s'adresser au roi lui-même. Cette contestation dura cinq ans, mais ils furent à la fin obligés de céder. Le roi ordonna l'exécution de l'édit, le Châtelet enregistra l'ordonnance, en imposant à ceux qui loueraient à des femmes mal famées, 60 livres d'amende pour la première fois, 120 pour la seconde et la confiscation de la maison pour la troisième. Le juré crieur publia à son de trompe l'ordonnance, aux deux bouts de la rue du Heuleu; et le 24 mars 1565, la paix y rentra et les pécheresses en sortirent. (DELAMARE, *ubi sup.*)

Les femmes folles de Provins, comme nous l'apprend M. Bourquelot dans sa curieuse histoire de cette ville (I, 273), étaient célèbres par leurs charmes et par leur volupté. Les fabliaux en font souvent mention, et elles le disputaient à leurs camarades d'Angers (RABELAIS, tom. II, *Verba erotica*, V° *Angers*), très-renommées aussi et fort nombreuses, attirées par l'Université de cette ville et par l'affluence des écoliers turbulents et amis du plaisir. Elles habitaient à Provins, comme dans presque toutes les autres villes, des rues qui en ont gardé des noms trop caractéristiques pour que nous puissions les citer. A Nevers, elles se tenaient de tout temps entre les deux fontaines, et une ordonnance de 1481, rendue par Jean de Bourgogne, leur enjoignait de ne pas s'en éloigner. (PARMENTIER, *Archives de Nevers*, 1842, I, 185.) A la Roche-de-Glun et à Alanson (Drôme), il était défendu, en 1513, aux habitants, de les loger « plus hault que una nuech, sur la pena de ung chescun et de chescune fez de cinc soulz. » (CHAMPOLLION-FIGEAC, *Mélanges historiques*, tom III, 1847, pag. 352. *Accord* de 1513.) Les consuls possédaient à Narbonne, dans la juridiction de la vicomté, une *rue chaude* (*carreria calida*) dans laquelle les officiers du seigneur n'avaient aucun droit de police ni de justice, et les femmes publiques, qui l'habitaient, avaient le privilége d'exercer dans tout le district de Narbonne leur infâme commerce. (Dom VAISSETTE, *Hist. générale du Languedoc*, IV, 509.) A Florence, à Milan, à Bologne, elles avaient aussi des quartiers spéciaux, et la peine du fouet attendait celles qui tentaient d'en sortir; à Padoue, à Bergame, à Milan, il leur était défendu de se montrer pendant le jour sur les marchés et places publiques; à Pavie, tous les six mois, au jour fixé pour le serment du podestat, un crieur public proclamait par tous les quartiers de la ville, que les voleurs, hérétiques et filles de joie eussent à quitter la cité. A Mantoue, les statuts interdisaient aux femmes impudiques la promenade dans les rues de la ville, les dimanches et jours de fête, et l'accès des églises ou de tous les lieux où se trouvaient réunies les femmes honnêtes et respectables. Elles étaient frappées même par des mesures beaucoup plus sévères et qui prouvaient tout le dégoût qu'elles inspiraient aux honnêtes gens : ainsi, la loi les obligeait d'acheter dans les marchés tous fruits et tout pain qu'elles avaient osé toucher, ce contact rendant impurs ces aliments; les statuts d'Avignon de 1243 renfermaient un règlement semblable. (DUCANGE, V° *Meretricalis vestis*.) Les constitutions de la Catalogne, animées par le même mépris, ne leur permettaient pas de s'asseoir à la même table qu'une dame ou qu'un chevalier (*Miles ?*) ni de donner un baiser à une personne honorable. (*Id.*, V° *Osculum*.)

Nous apprenons par une bulle de Benoît IX, qu'en 1033, sous son pontificat, une maison de débauche s'était établie, à Rome, auprès de l'église Saint-Nicolas (DUCANGE, V° *Gynœceum*); cinq siècles après, et sous le pontificat de Paul II, les filles publiques étaient nombreuses et attiraient l'attention du législateur, comme le prouvent les statuts donnés par ce pape à la ville de Rome, et les mesures protectrices dont elles sont l'objet dans ces statuts nous permettent d'apprécier la grossièreté et la violence des mœurs à cette époque. Celui qui avait vendu une fille publique pour la livrer à la débauche devait être condamné, sur la plainte de tout citoyen; à une amende de deux cents livres en monnaie de Provins, et, s'il ne s'était pas acquitté dans le délai de dix jours, il avait le pied coupé ; il ne pouvait d'ailleurs être admis à se défendre qu'après avoir déposé entre les mains des magistrats municipaux une caution suffisante. (*Statuta et novæ reformationes urbis Romæ.....in sex libris divisa, novissime compilata*, Romæ, 1558, in-f°, lib. II, cap. LIX.) Il paraît qu'alors les libertins de Rome, parmi le peuple et même dans la noblesse, quand ils étaient en joie et voulaient passer gaiement leur temps, se livraient à des plaisanteries d'un haut goût, bien capables d'inquiéter un peu les bons citoyens : après avoir passé probablement des heures bruyantes dans les maisons consacrées à leurs plaisirs, ils en cassaient à coups de pierres les portes et les fenêtres; en se retirant, ils jetaient contre les murailles toutes sortes d'ordures, et même, dit la loi, des *cornes* (*stercora vel cornua*); enfin, pour comble de gaieté, quand leur tapage avait assez duré, ils mettaient tout simplement le feu à la maison (*qui ad ostia meretricum ignem immittunt*). Les hommes du peuple coupables de ces violences étaient mis à la torture, fouettés, marqués au front d'un fer chaud, puis bannis à perpétuité. Les nobles et les citoyens de bonne renommée (les bourgeois, sans doute), affranchis du fouet et de la marque, subissaient également la torture et un an de prison ou d'exil, selon la volonté du juge; ils devaient, de plus, payer des dommages-intérêts, égaux au quadruple des dégâts qu'ils auraient causés. (*Id.*, lib. IV, cap XXIII.)

Pour avoir enlevé une fille publique et l'avoir retenue malgré elle, la peine était, selon la qualité des personnes ou la gravité des faits, l'amputation de la main droite, la prison, les verges ou l'exil; cependant la peine la plus grave pouvait être rachetée pour la somme de cent ducats, payés dans les dix jours. (*Id.*, *ibid.*, cap. XXII.) En Espagne, bien que la violence exercée sur une femme de mauvaises mœurs ne demeurât pas impunie, la loi ne déterminait pas le châtiment d'une manière précise. (*Las Siete partidas*, part. VII, tit. XIX, 1. 2.) La pécheresse n'était pas d'ailleurs fondée à se plaindre d'avoir été séduite. Le tribunal repoussait également sa plainte dans le royaume de Naples, en vertu d'une constitution du roi Roger. (*Ubi sup.*, lib. III, tit. XLVI.) Mais Guillaume, successeur de ce prince, « voulant que les femmes malheureuses abandonnées à la Prostitution eussent elles-mêmes à se féliciter de ses bienfaits, » et plus sévère que les statuts romains, frappait de la peine capitale les auteurs du viol et du rapt. Il fallait cependant, pour que le magistrat appliquât une peine aussi grave, que la victime eût fait entendre ses cris aussitôt qu'il lui avait été possible, si le crime avait été commis dans un lieu habité; elle devait, dans le cas contraire, demander justice dans un délai de huit jours, ou encore prouver qu'elle avait été retenue par la violence. (*Constitutionum Napolitanarum libri tres,* lib. I, tit. xx.) Les jurisconsultes de ce temps, élevés dans les traditions plus sévères du droit romain, protestaient contre une semblable indulgence, et s'accordaient à penser que les femmes livrées à la débauche étaient indignes de la protection du législateur. Le rapt et la violence dont elles étaient l'objet ne devaient, selon eux, donner lieu à aucune peine, ou tout au plus exposer le coupable au châtiment prévu pour le délit d'injures (Petri Follerii, *De contract. censuariis; Pragmatica regis Alphonsi primi,* n° 186; *Las Siete partidas, ubi sup.,* tit xix, l. 2, gl. 7.) Celle qui vendait sans choix sa pudeur, n'avait le droit d'en refuser le sacrifice à personne. Cette jurisprudence avait pénétré jusque dans les États de l'extrême Nord; c'était celle du Sleswig (Paulus Cyprœus, *ubi sup.,* cap. vii : *vid.* Peder Kofod Ancher, II, 84); c'était celle aussi de la Pologne, où le crime dont nous parlons pouvait bien donner lieu à une réparation civile, mais n'exposait pas le coupable aux sévérités du droit criminel, à moins que la femme outragée, ayant abandonné sa vie dissolue, n'eût pris un époux et ne se fût exactement soumise aux devoirs de son nouvel état; et même dans ce cas, celui qui avait commis la violence était admis à prouver qu'il ignorait le repentir de sa victime, « car, dit le commentateur, le changement ne se présume pas chez celle dont la vie fut d'abord corrompue. » Combien nous nous éloignons de la tendresse inspirée par la foi du Moyen Age, dans ce retour à l'implacable mépris enseigné par la loi romaine ! (*Jus regni Poloniæ ex statutis et constitutionibus ejusdem regni et M. D. L. collectum à* Nic. Zalaszowski : Varsoviæ, 1741, t. II, p. 570, lib. iv, tit. 18.) La *Coutume* d'Eyrien, confirmée par Charles VI en 1389, avait aussi prévu l'emploi de la force, et elle le punissait seulement d'une amende de 100 sols. (Laurière, *ubi sup.*, tom. VII, pag. 316.) Enfin, dans des lettres des rois Charles V et Charles VI, qui accordaient aux *Lombards* le droit de faire le commerce et la banque dans les villes de Troyes, de Paris, d'Amiens et de Meaux, nous trouvons cette clause, à peu près identique en 1380, 1382 et 1406 : « Item se aucunes femmes renommées estre de fole vie estoient dedans les maisons desdiz marchans, qui voulsissent dire et maintenir par leur cautelle et mauvaiseté, estre ou avoir esté efforciées par lesdiz marchans ou aucun d'eulz, que à ce proposer icelles femmes ne fussent point reçues, ne lesdiz marchans ne aucuns d'eulz pour ce empechiez en corps ni en biens. » Toutefois, il ne faudrait pas croire que ces articles, qui paraissent étranges, donnassent à ceux qu'ils désignaient le coupable privilége de satisfaire à leur guise, et même par la violence, des désirs effrénés. Mais ces honnêtes marchands avaient cherché, en sollicitant une telle faveur, des garanties contre d'odieuses spéculations. L'ordonnance de 1406 offre, en effet, à cet égard, un commentaire incontestable dans ces mots qui terminent l'article en question : « Se autrement n'apparoist de la vérité du fait. » (*Idem*, tom. VI, pag. 481, 656; tom. IX, pag. 133.)

Revenons à Rome, dont cette digression nous a éloigné un instant. Le pape Jules II, sans doute pour arrêter les développements de la débauche et pour apporter un frein aux envahissements continuels des femmes qui en faisaient métier, leur accorda dans la ville, par une bulle de 1510, un quartier spécial. (SABATIER, *ubi sup.*) Léon X fit publier des règlements pour maintenir le bon ordre, et nous avons vu plus haut combien c'était là une tâche difficile. Enfin, Clément VII espéra diminuer les agents de cet odieux commerce en en diminuant les profits : il imposa, en conséquence, aux *meretrices* qui voudraient disposer de leurs biens entre-vifs ou par testament, l'obligation d'en donner la moitié au couvent de Santa-Maria de la Penitenza. Cette mesure fut inefficace et facilement éludée. Celles qu'elle frappait faisaient alors, à ce qu'il paraît, de bonnes affaires, et brillaient plus par la régularité de leurs comptes que par celle de leur conduite ; elles placèrent leur argent en viager, et il fallut que Clément X les poursuivît sur ce terrain nouveau ; mais les règlements de ce pontife n'appartiennent plus au temps dans lequel nous devons nous renfermer. Depuis plusieurs siècles, le maréchal ou *barisel* de Rome, chargé de la police de la ville, et notamment de la surveillance des gens mal famés (*Statuta*, etc., *ubi sup.*, lib. III, cap. xviii), prélevait un tribut sur les maisons de Prostitution, « pour la peine de les aller visiter par chascun jour et nuict, » et cet impôt, qui se payait encore en 1557, à l'époque de l'expédition du duc de Guise, fut, dans la ville papale, un des détails de mœurs qui *scandalisèrent* le plus les Français, s'il faut en croire ce que nous apprend le curé Claude Haton, dans des mémoires intéressants et encore manuscrits dont nous devrons bientôt la savante publication aux soins de M. Bourquelot. (Mss. du seizième siècle. — Bibl. Nat., suppl. français, n° 2036[4].)

Dans le royaume de Naples, comme dans les autres lieux que nous venons de parcourir, les filles amoureuses devaient s'abstenir de demeurer dans le voisinage des personnes honnêtes; cette interdiction remontait au roi Roger et à la première moitié du douzième siècle. (*Constitutiones*, etc., lib. III, tit. xlvi.) Toutefois, comme partout, nous avons lieu de croire qu'elle fut mal observée, et, bien longtemps après, le libertinage et la Prostitution avaient envahi les plus belles parties de Naples, la rue Catalane, la place de Tolède, embellie par de nombreux palais, depuis celui du Prince jusqu'à la Porte-Royale, et fréquentée par ce que la ville avait de plus considérable. Les filles étaient, dans ces quartiers brillants, une cause perpétuelle de scandales et de désordres; elles formaient, jour et nuit, sur la voie publique, des rassemblements bruyants, elles attiraient autour d'elles tous les mauvais sujets et tous les vagabonds, et avec eux les querelles, les tumultes, les vols et les crimes qui les accompagnent. Ces quartiers qu'elles avaient choisis devenaient inhabitables : il fallut les en chasser. En 1577, on leur ordonna de sortir de la rue Catalane, dans le délai de huit jours, sous peine du fouet pour elles, et, pour les propriétaires qui consentiraient à les garder, de trois ans de galère s'ils étaient de petites gens, et d'un égal temps de bannissement s'ils étaient nobles. Six ans après, en 1583, on les chassa de la place de Tolède; on ne leur donna que trois jours pour en sortir. Les femmes publiques propriétaires des maisons où elles résidaient étaient formellement comprises dans la mesure, ce qui fait supposer qu'elles n'étaient pas rares. La peine, pour ceux qui leur louaient des logements, était moins sévère que dans le cas précédent; c'était seulement une amende de quatre onces. (*Pragmaticæ, edicta*, etc., tit. LXXXVII; *De meret., pragm.* III, V.)

Nous ne pouvons passer sous silence une mesure qui nous paraît digne de quelque intérêt et qui fut prise environ un siècle avant l'époque des précédentes (1470-1490) pour protéger les *meretrices* contre la cupidité, les exactions et les exigences des aubergistes, des hôteliers et des hommes qui vivaient honteusement des produits de leur débauche. Ceux-ci faisaient bombance dans les cabarets et dans les tavernes, et laissaient à leurs malheureuses victimes le soin de payer la carte; si elles refusaient, elles étaient battues, et, si elles consentaient à s'engager, elles restaient, pour la plus grande partie de leur vie, dans la dépendance (*eran serve e schiave*) de leurs créanciers, sans pouvoir se libérer. Par une pragmatique de 1470, qui se réfère à des mesures antérieures et qui fut renouvelée vingt ans après, il fut défendu aux hôteliers ou à tous autres de faire aux filles publiques aucun prêt ou aucun crédit qui dépassât la valeur d'une once, et sans la permission du régent; encore, ce prêt ou ce crédit devait-il avoir pour objet la nourriture ou le vêtement de la femme ou de son amant; celui qui contrevenait à cette ordonnance perdait toute action pour réclamer la somme qui lui était due. (*Ibid.*, *Pragm.* 1; édit. de Venise, 1580, in-4, *De meret.*, *pragm.* 11.)

Mais la partie la plus curieuse de la législation de ce royaume, relativement au sujet qui nous occupe, c'était certainement celle qui avait établi, à une date que nous ne connaissons pas, mais probablement assez ancienne, une juridiction spéciale sous le titre de C ou Gabelle des filles publiques (*Corte, Gabella delle meretrici*), et sur laquelle nous demandons la permission de donner quelques détails. Ce tribunal, qui siégeait a Naples, avait ses priviléges, ses règlements, ses formes de procédure déterminées par des ordonnances particulières; c'est à lui que ressortissaient toutes les affaires qui concernaient la Prostitution, et aussi, les cas de blasphème, et quelques autres du même genre (*otros delitos atroces*). (*Pragmatica* vii, 3 novembre 1593.) Il se composait d'un chef (*padrone*), appelé encore fermier des droits (*affittatore de i diritti*), qui payait à l'État une redevance, d'un juge, d'un greffier (*mastro d'atti*), et de quelques copistes (*scribani*). Vers la fin du seizième siècle, les abus s'étaient introduits en grand nombre dans ce corps. Son pouvoir s'exerçait sur des justiciables peu dignes d'intérêt, et, par conséquent, sans défense contre les excès de ses magistrats. Il se livrait à toutes sortes d'exactions, de pilleries et de violences; il avait usurpé le droit de publier lui-même des règlements et des ordonnances, afin d'avoir plus d'occasions de rançonner ses malheureuses subordonnées. Ces juges endurcis jetaient sans cause les filles de joie ou les mauvais sujets en prison, et leur faisaient acheter leur liberté; ils allaient plus loin, et appesantissaient leur main non-seulement sur leurs véritables justiciables, c'est-à-dire sur les filles inscrites dans leurs registres, mais sur des femmes qui, bien que de mœurs faciles, ne pouvaient pas cependant être comprises parmi les prostituées. (*Pragm.* viii, art. 1.) Cet état de choses excita la sollicitude de l'autorité, et, en 1589, « le magnifique docteur Piero de Balcazer, auditeur général de l'armée, » fut chargé d'ouvrir une enquête et de faire un rapport sur l'état de la *Corte delle meretrici*. De ce rapport, dont la connaissance serait peut-être précieuse pour l'histoire de la Prostitution, résulta une pragmatique de réformation, datée du 30 novembre de la même année. (*Ibid.*, *Pragm.* vi.) Il fut ordonné que le juge, précédemment abandonné au choix du *padrone*, serait nommé désormais par le roi. Sa charge devait durer deux ans, après lesquels il était tenu de rendre compte à la Grande Cour du vice-roi. Il recevait un salaire suffisant et convenable à ses fonctions, mais il lui était absolument défendu de rien accepter d'aucune *meretrice*, *etiam a sponte dante*, sous peine de perdre sa charge et de deux ans d'exil, à l'exception d'une partie des droits de greffe (*mastro d'attia*), qui lui était concédée par le *padrone*.

Le *mastro d'atti* était nommé par le *padrone*; il fournissait caution *de legaliter et fideliter administrando*; au bout de trois ans, il rendait compte à la cour du vice-roi et quittait sa charge, qu'il ne pouvait reprendre qu'après un délai de trois ans, sous peine de trois ans d'exil. Il lui était défendu d'avoir sous ses ordres plus de deux copistes, et de rien exiger qui dépassât la taxe légale; s'il contrevenait à cette dernière disposition, il était à jamais privé du droit d'exercer l'office de greffier. Il tenait un registre sur lequel il inscrivait immédiatement toutes les plaintes apportées au tribunal; il informait sur-le-champ; il avait ordre de ne recevoir le témoignage des plaignants qu'à titre de dénonciation, et, sous peine de faux, communiquait cette procédure au juge, dans les vingt-quatre heures; il tenait les archives de la Cour des meretrices.

Il était enjoint à la Cour de ne publier désormais aucune ordonnance et de se borner à faire exécuter celles qui émanaient de l'autorité compétente. Le tribunal devait prendre garde de n'étendre sa juridiction que sur ses véritables justiciables (*solamente quelle done, le quali pubblicamente e cotidianamente vendono il corpo loro per danari disonestamente, e non altre*). Le *padrone* ne pouvait recevoir, de chaque fille publique, sous quelque prétexte ou couleur que ce fût, plus de deux carlins par mois, et, chaque année, deux présents, de la somme de quinze grains l'un, ce qui portait à vingt-sept carlins en tout la taxe la plus forte au payement de laquelle chaque fille pût être soumise chaque année. Il était puni, s'il contrevenait à cet article, de la perte de sa juridiction. Il lui était expressément défendu, sous la même peine, de faire enfermer en prison aucune des personnes soumises à sa justice, avant d'avoir accompli les formalités exigées par les lois (*juris ordine servato*), à moins de crime grave et qu'il n'y eût péril en la demeure; de faire aucune transaction avec les condamnés pour les relever des condamnations qu'ils avaient encourues; d'en accepter rien sous le prétexte de composition, et d'accorder aucune dispense d'obéir aux règlements en vigueur. Enfin, la pragmatique indiquait la prison réservée à cette juridiction; c'était celle *della Gran Corte dell' Ammiragliato*, et elle recommandait que les hommes et les femmes y fussent enfermés séparément. Cette séparation était également recommandée par le code espagnol (*Las Siete partidas,* part. VII, tit. 29, 1. 5 et la glose); mais rien ne prouve que la loi en France ait eu une égale prévoyance. (Parent Duchatelet, II, 253.) Nous ne saurions dire précisément à quelle époque la *Corte delle meretrici* cessa d'exister, il est certain toutefois qu'elle avait été abolie, et il est raisonnable de supposer que ce ne fut pas avant l'année 1678, lorsqu'une ordonnance nouvelle essaya d'abolir aussi la Prostitution.

Si nous quittons ces climats du Midi, dans lesquels nous voyons, sans étonnement, des passions fougueuses produire leur naturelle conséquence, ouvrir la voie à des désordres de toute nature et fatiguer la persévérance du législateur; si nous portons notre attention sur des pays qu'un ciel moins brûlant semblait disposer à une conduite plus grave, nous y retrouvons les mêmes excès empreints peut-être d'un caractère plus grossier. Jamais sans doute le scandale ne fut plus hideux et plus repoussant que dans la ville de Strasbourg.

On voulut ici comme partout obliger les filles de joie à se tenir dans des quartiers déterminés. On n'y réussit pas davantage. « Par des ordonnances des magistrats, des années 1409 et 1430, dit M. Koch (*Observations sur l'origine de la maladie vénérienne et sur son introduction en Alsace et à Strasbourg*, germinal an VIII; *Mémoires de l'Institut, Sciences mor. et pol.*, t. IV, Paris, an XI, p. 346), toutes les femmes de mauvaise vie étoient consignées dans les rues dites Bieckergass, Klappergass, Greibengass et derrière les murs, où, est-il dit dans ces ordonnances, ces sortes de femmes avoient demeuré de tout temps.... Elles furent renouvelées dans les années 1442, 47, 69, 71, 93. » D'un autre côté, M. Fodéré (*Dictionnaire des Sciences médicales*, tom. XLV, V° *Prostitution*, p. 484) assure avoir vu, dans les archives de la ville, des « règlements et statuts accordés, le 24 mars 1455, par le magistrat de Strasbourg, à la communauté des filles établies dans la rue et maison dites Picken-Gaff. » Ce règlement, composé de treize articles, renfermait les mesures de police auxquelles étaient soumis les lieux de débauche. Quoi qu'il en soit, ils se multiplièrent bientôt au delà de toute mesure; des spéculateurs détestables allaient acheter dans les pays étrangers, pour pourvoir leurs harems, des malheureuses qu'ils réduisaient à une condition voisine de l'esclavage (Koch, *ubi sup.*, 348), et les officiers municipaux chargés de surveiller ces maisons et d'y recueillir l'impôt dont elles étaient frappées, en comptaient, dans un rapport adressé au magistrat, vers la fin du quinzième siècle, plus de cinquante-sept, dans six rues différentes. La seule rue dite Undengassen en contenait dix-neuf; il y en avait aussi, « dans la petite rue vis-à-vis du Kettener, une foule, » et derrière la maison dite Schnabelburg, « plusieurs » dont l'inspecteur ne donnait pas le nombre. Enfin, vers le commencement du seizième siècle, les femmes de vie dissolue pullulèrent à tel point qu'elles envahirent, par une tolérance inconcevable, les clochers de la cathédrale et de plusieurs autres églises. Ce fait, à peine croyable, est attesté par une ordonnance de 1521, qui essaya d'y mettre un terme. « Pour ce qui est, dit-elle, des *hirondelles* ou filles de la cathédrale, le magistrat arrête qu'on les laissera encore quinze jours; après quoi on leur fera prêter serment d'abandonner la cathédrale et autres églises et lieux saints. Il sera nommément enjoint à celles qui voudront persister dans le libertinage, de se retirer au Rietberg et dans d'autres lieux qui leur seront assignés. » Le quartier où on les reléguait était situé hors de la ville, près de la porte des Bouchers. A quel point d'abaissement et d'immoralité fallait-il donc que ce seizième siècle si agité et si douteur en fût enfin arrivé, pour que d'aussi monstrueux excès fussent possibles! L'avénement du protestantisme à Strasbourg raffermit, comme toute émotion nouvelle, les caractères engourdis depuis si longtemps, et rendit quelque dignité à la vie privée; en 1536, on ne trouvait plus dans cette ville que deux maisons de Prostitution; en 1540, un décret les supprima définitivement. Toutefois, cette interdiction absolue inquiéta de légitimes sollicitudes, et menaça la tranquillité des gens de bien; aussi, en 1550, Louis Wolf fit, sans succès il est vrai, la proposition au sénat de rétablir une maison de débauche. La même tentative fut renouvelée en 1553 et 1554, pour subir le même échec, mais tant d'insistance en matière si délicate prouve incontestablement qu'elle n'était pas sans motif.

C'était peu pour les femmes débauchées d'habiter des maisons spécialement consacrées à leur coupable commerce. Il ne leur convenait pas d'attendre, en quelque sorte, passivement les visiteurs. Partout où se réunissaient les hommes pour leurs plaisirs ou pour les nécessités de la vie, partout où elles concevaient l'espérance de provoquer les désirs, elles affluaient, poussées le plus souvent par la faim et quelquefois par l'amour du plaisir. Elles transformèrent ainsi en autant de lieux de Prostitution les cabarets, les boutiques des barbiers, les salles des étuvistes; et les nombreuses mesures prises par les princes ou par les magistrats municipaux pour les chasser de ces gîtes qu'elles avaient envahis, prouvent toute la persévérance qu'elles mettaient à s'y maintenir. Une ordonnance de 1420, rendue par Charles VI (PARENT DUCHATELET, I, 450), leur défendait de tenir cabarets; des édits semblables furent renouvelés sous Henri II et sous Charles IX. Dans la déclaration de 1558, le roi *inhiboit* « à tous taverniers, cabaretiers et autres quelconques de sadite ville et fauxbourgs de Paris, de d'orenavant loger, recevoir, ne faire asseoir en 'eurs tables, de nuict, autre que leurs domestiques ordinaires, ne pareillement, de jour, aucuns personnages hommes ou femmes débauchés, dissolus, ne leur administrer vivres ne alimens quelconques, à peine de prison et amende arbitraire. » (ISAMBERT, XIII, 509.) L'édit de 1577 leur interdisait de « tenir ou permettre en leurs maisons brelans de jeux de dez, cartes et autres débauchements pour la jeunesse, ni enfants mineurs et autres gens débauchez. » Les rôtisseurs et cuisiniers étaient compris dans cette ordonnance. (*Id.*, XIV, 320.) Les femmes déshonnêtes ne pouvaient s'approcher des cabarets, à Sisteron, que pour accepter et boire le vin qu'on leur offrait; mais elles devaient se tenir à l'extérieur et se retirer aussitôt qu'elles auraient bu (*incontinente recedere teneantur*). (DE LAPLANE, *Essai sur l'histoire municipale de la ville de Sisteron*, Paris, 1840, in-8°, p. 25.) Quiconque, selon la Coutume d'Ypres, « tenoit *mauvaise hostellerie*, » c'est-à-dire « logeoit des gens bannis, des ruffians, des femmes de *léger estat* ou de conditions douteuses, des belistres et d'autres mauvaises compagnies, cela estoit à peine de dix livres parisis, et, estant pris pour la deuxième fois, d'estre privé de tenir hostellerie davantage. » (LE GRAND, *Les Coustumes et loix des villes et chatellenie du comté de Flandre*, etc., tome III, p. 46, chap. cxxi.) La loi anglaise punissait aussi de l'emprisonnement les femmes publiques surprises dans des tavernes et les marchands qui les avaient reçues. (JOHN STOW, *the Survey of London*, Lond., 1633, in-f°, p. 673.) Nous pourrions multiplier ces citations; celles que nous avons données ont suffisamment montré que les efforts pour réprimer le désordre étaient aussi généraux que le désordre lui-même.

Pour les barbiers, de nombreuses ordonnances, qui renouvellent et confirment leurs priviléges, leur interdisent avec soin d'entretenir chez eux des femmes de mauvaise vie et d'ajouter à leurs profits celui de la Prostitution, « auquel cas, dit l'ordonnance de 1371, concernant les barbiers de Paris, (le contrevenant) soit à toujours privé (de son office), sans le ravoir, et oultre que tous ses ostilz soient acquis et confisqués, comme chaieres, bacins, rasoirs, et autres choses appartenant audit mestier, dont nous devons avoir la moitié, et l'autre au maître dudit mestier. » (LAURIÈRE, V, 441.) La même défense est imposée aux barbiers de Tours, en 1408 (*id.*, IX, 404), puis à ceux de Rouen, en 1424, sous peine de bannissement (*id.*, XIII, 62). Il semble que les gens du métier trouvaient le moyen d'éluder la loi, car de nouveaux statuts de Paris, en 1438, et ceux de Saint-Jean-d'Angely, en 1447 (*id.*, XIII, 265, 507), leur ordonnent, sous peine de cinq sols d'amende, de « ne souffrir besongner dudit mestier aucune femme, ne tenir en son hostel ou ouvroir, sinon qu'elle soit femme ou fille de maistre dudit mestier et de bonne vie et renommée. » Enfin, des lettres patentes destinées à tous les barbiers du royaume et appliquées plus tard, par des ordonnances spéciales, à Chartres et à Poitiers, ajoutaient aux interdictions précédentes celle de faire office de « barbier en la maison et cloueson des estuves, » à peine de cent sous d'amende ou même d'être privé de l'office (*id.*, XV, p. 243, 306 et 308, ann. 1461 et 1462).

D'autres métiers excluaient aussi de leur sein les femmes diffamées par leurs mauvaises mœurs. Elles n'étaient pas reçues dans la corporation des lingères, comme nous l'apprend Sauval (I, liv. II, p. 147); on en chassait celles qui parvenaient à s'y introduire, après avoir jeté leurs marchandises dans la rue. Une mesure sévère frappait aussi la corporation des bouchers de Paris, et, bien qu'elle n'ait qu'un rapport indirect avec le point de vue qui nous occupe, nous la rapporterons ici. Les statuts de ce métier, confirmés en 1381, portent, en effet, un article ainsi conçu : « Item se aucun prend femme commune diffamée, sans le congé du maistre et dès jurés, il sera privé de la grant Boucherie à toujours, que il ne puisse taillier ne faire taillier soit à lui ou à autre sur les chairs perdre (sous peine de perdre la viande); mais il pourra taillier à un des estaux du Petit-Pont, tel comme le maistre, et les jurés lui bailleront ou asseront. » (Laurière, VI, 595.)

Déjà, du temps de saint Louis, les maisons des étuvistes étaient devenues des lieux de Prostitution. Il nous semble probable même que cet usage s'était perpétué depuis les Romains jusqu'au treizième siècle. Nous voyons, par le livre d'Étienne Boileau, que l'administration cherchait alors à le faire cesser, car elle défendait aux gens de ce métier de « recevoir, de jour ou de nuit, mésiaus ne mesèles, reveurs ne autres genz diffamez. » (*Règlements sur les arts et metiers de Paris*, édit. Depping, tit. LXXIII, p. 188). Peut-être les « Coutumes des amendes » de Bourges avaient-elles en vue de réprimer les mêmes désordres, quand elles disaient : « Item qui est trouvé aux estuves, aprez queure-feu sonné, à port d'armes, il est amendable. » (Thaumas de la Thaumassière, *Coutumes locales du Berry*, p. 338). Ces désordres n'étaient pas moins graves ni moins répandus en Italie. Selon le témoignage de Garzoni (*La Piazza universale*, etc., Venise, 1587, in-4°, disc. CXXIV, p. 825), on trouvait en foule les établissements de bains publics à Rome, à Naples, à Venise, à Milan, à Ferrare, à Bologne, à Lucques et dans toutes les autres villes de la péninsule, et il y avait peu d'étuvistes qui ne fussent des ruffians faisant de leurs maisons le théâtre de toutes sortes de débauches, et mêlant la propreté du dehors avec l'impureté du dedans (*meschiando la munditia esteriora con l'immunditia interna*). Un arrêté du conseil de Genève, du 30 avril 1534, défendit aux maîtres des étuves de recevoir chez eux des femmes décriées, et leur enjoignit de chasser celles qu'ils avaient attirées. (Spon, *Histoire de Genève*, I, 287.)

Il y avait cependant des villes dans lesquelles cet état de choses était toléré et dans lesquelles les étuves publiques étaient précisément destinées à la Prostitution. Nous pouvons citer, comme exemples, Avignon et Londres. Les statuts synodaux de l'église d'Avignon, de l'année 1441, étendant les dispositions d'une ordonnance rendue par les magistrats civils et applicable aux hommes mariés, interdisent, en effet, aux prêtres et aux clercs l'accès et l'usage des étuves établies au pont *Troucat* (troué), qu'ils indiquent comme le repaire de la débauche publique dans la cité. Ces statuts mêmes contiennent une disposition qui nous a paru fort rare dans la législation du Moyen Age : ils frappent, d'une amende de dix marcs d'argent, les contraventions commises pendant le jour, et de vingt-cinq celles qui avaient lieu pendant la nuit. (Martène, *Thes. anecd.*, IV, 585.) Nous ne connaissons qu'un autre exemple d'une peine infligée aux hommes qui enfreignaient les lois de la continence publique, et nous le trouvons dans l'histoire de la Flandre. En 1390, quelques bourgeois d'Anvers, condamnés criminellement pour cette faute, durent accomplir un pèlerinage à Saint-Jacques en Galice, et faire construire, à leur retour, une *verge* des murs de la ville. (*Dictionn. de la conversation*; REIFFENBERG, V° *Femmes et filles de folle vie.*)

Comment, en effet, aurait-on pu, lorsqu'elles-mêmes provoquaient le désordre, punir le commerce avec des femmes dont on tolérait l'existence, puisque, nous l'avons vu plus haut, on ne châtiait pas même, selon l'opinion de beaucoup de docteurs, la violence exercée sur elles? Nous devons toutefois noter ici un fait qui nous avait d'abord échappé. Il marque de plus en plus la distance qui sépare le droit moderne, puisé dans les coutumes, plus indulgent, plus juste, plus soucieux de la dignité humaine, et les opinions des jurisconsultes qui s'inspiraient de la législation romaine et voulaient en faire revivre toutes les sévérités. Les magistrats de Bordeaux condamnèrent au gibet, à une époque qui n'est pas indiquée, un homme coupable d'avoir violé une fille publique. (ANGELI STEPHANI GARONI *Commentaria in titulum De meretricibus et lenonibus Constit. Mediol.* Mediolani, 1638, in-4°. Prælud. 3, n° 2, p. 8.)

Toutefois si, en principe, la fréquentation des femmes prostituées demeurait impunie, les avis des jurisconsultes se partageaient, dans le cas où celles-ci étaient mariées. La peine de l'adultère devait-elle être appliquée à celui qui avait cédé à leurs sollicitations? La plupart des légistes, et notamment ceux des pays situés en deçà des Alpes, soutenaient la négative, et ils semblent avoir adopté les principes du droit coutumier; car nous trouvons leur opinion formellement sanctionnée dans la coutume de La Pérouse (1260). « Item, dit cette coutume, si fem mariée commaner venaet à La Paerose por putage, hom qui n'auroet femme qui gueraet ab li n'en ert tengut vers le segnor. » (THAUMAS DE LA THAUMASSIÈRE, *ubi sup.*, p. 100). D'autres légistes avaient adopté l'avis contraire; quelques-uns même voulaient que la peine capitale fût appliquée au coupable, et l'un d'eux nous apprend que la loi frappait le vassal qui acceptait les complaisances de sa suzeraine, lors même que celle-ci était livrée à la débauche publique. (GARONUS, *ubi sup.*, prælud. 2, n° 9, p. 7.)

En 1448, le conseil de ville d'Avignon s'occupa une fois encore des étuves de la Servelerie, près du pont Troucat (JULES COURTET, *Des statuts de la reine Jeanne*; dans la *Revue archéolog.*, 2ᵉ année, 1ʳᵉ partie, p. 160); mais les beaux jours des femmes débauchées étaient depuis longtemps passés dans cette ville déchue, et il faut rétrograder d'un siècle pour retrouver le point culminant de leur fortune. Le séjour des Papes, en amenant à Avignon un concours immense de gens de toutes sortes accourus de tous les points du globe, avait été l'occasion d'un libertinage effréné; au témoignage de Pétrarque, il dépassait de beaucoup celui de la ville éternelle (Pétrarq., cité par Courtet), et l'évêque Guillaume Durand en traça, au concile de Vienne, en 1311, un effrayant tableau : les maisons infâmes s'étaient établies dans le voisinage des églises, à la porte du palais papal et près de la demeure des prélats; il demandait donc qu'elles en fussent chassées et que le maréchal du pape cessât de lever sur elles un tribut. (Baluze, *Vitæ paparum Avenion.*, Paris, 1693, in-4°, I, col. 810.)

A propos d'Avignon, nous devrions rappeler l'édit célèbre, attribué à la reine Jeanne de Naples, daté de 1347, qu'Astruc a fait connaître, en le citant, il faut le dire, avec quelque défiance, et dirigé par un sentiment loyal, pour ne pas paraître dissimuler un document contraire à son opinion (*De morbis venereis*, lib. I, chap. viii, t. I, 58 et s.); que Merlin a répété après lui (*Rép.*, V° *Prostitution*), et que tout le monde depuis a reproduit à l'envi. Par cet acte, la jeune reine établissait une maison de débauche privilégiée, placée sous la direction d'une baillive choisie par l'autorité et revêtue en quelque façon d'un caractère public; elle réglait avec une rare précision toutes les circonstances de cet odieux commerce. A cette histoire, il ne manque qu'une condition : non pas la vraisemblanche, nous le verrons bientôt, mais la vérité. L'édit de Jeanne de Naples n'a jamais eu d'existence que dans l'imagination de quelques hommes d'esprit; il n'est rien autre chose qu'une mystification, comme depuis le monde savant en a eu d'autres exemples, et un piége tendu à la bonne foi du vénérable Astruc. M. Jules Courtet a mis cette falsification hors de doute dans une excellente dissertation (*ubi sup.*); toutefois, il faut ajouter qu'en demandant à un de ses amis d'Avignon un document que les jeunes plaisants composèrent eux-mêmes de toutes pièces, plutôt sans doute que de donner au médecin célèbre le déboire d'un refus, celui-ci se laissait guider par une tradition locale où tout n'était pas peut-être également méprisable.

Nous avons dit qu'à Londres, comme à Avignon, la Prostitution s'était réfugiée dans les étuves publiques. Cette organisation remontait à des temps fort anciens, c'est-à-dire au règne de Henri II. On trouvait ces étuves dans le bourg de Southwark, placé sur la rive droite de la Tamise, hors des murs, et qui ne devait qu'en 1550 faire partie de la métropole. C'était un quartier misérable, rempli de masures inhabitées, dans lequel quelques jardins, consacrés aux combats de chiens, d'ours et d'autres animaux, attiraient seuls les gens de la ville. Les constitutions et règlements qui régissaient les femmes de mauvaise vie furent adoptés selon les formes parlementaires par les Communes et les Lords, sanctionnés par Henri II dans la huitième année de son règne (1161), et confirmés plusieurs fois depuis, notamment par Edouard III, en 1345, et par Henri VI, dans la première moitié du quinzième siècle. Voici quelles sont les dispositions de ce règlement ancien ; quelques-unes, par leur singularité, méritent de fixer notre attention, et nous trouvons, dans d'autres, cet esprit d'ordre qui distingue le peuple auquel nous les empruntons. Des peines sévères servaient de sanction à toutes. L'étuviste ne devait recevoir dans son établissement ni religieuse ni femme mariée ; il ne devait non plus garder les filles publiques contre leur volonté, ni leur permettre d'aller et de venir librement. Il avait ordre de fermer ses portes les jours consacrés par la religion et de renvoyer alors ses locataires. Le bailli avait charge de veiller à ce que, ces jours-là, elles sortissent de sa seigneurie. Il était interdit à l'étuviste de louer chacune de ses chambres plus de 14 pences par semaine, de prendre en pension aucune fille de mauvaise vie, et de vendre ni pain, ni viande, ni poissons, ni ale, ni bois, ni charbon, ni aucune espèce de provisions ; enfin, il ne pouvait souffrir chez lui aucune femme atteinte d'une maladie dangereuse (*the perillous infirmity of Burning*) qu'Astruc prétend être la lèpre. (*Ubi supra*, lib. I, chap. VII, p. 52.)

Quant aux femmes qui habitaient ces maisons suspectes, elles n'avaient droit, par une clause bizarre, destinée sans doute à restreindre leur clientèle, en rendant leur fréquentation plus difficile, à aucun salaire de ceux qui n'avaient pas passé chez elles la nuit tout entière, « jusqu'au matin, » et on leur défendait de provoquer et d'entraîner les passants. Ces malheureuses, d'ailleurs, par une coutume dont ce règlement ne fait pas mention, mais que notre historien nous présente comme digne de foi, étaient exclues de la sépulture commune et avaient un cimetière particulier, situé loin de l'église.

Enfin, les étuves étaient placées sous la surveillance du bailli, des constables et des autres officiers de la seigneurie, qui devaient y faire chaque semaine une visite.

En 1380, ces repaires appartenaient à un certain William Walworth, marchand de poisson et ancien maire de Londres; il les louait à des femmes qui les exploitaient, et ils furent, à cette époque, envahis et pillés par les rebelles du Kent. Dans les premières années du seizième siècle, le bourg de Southwark renfermait dix-huit de ces maisons d'étuves; elles portaient de grandes enseignes peintes sur les murs de leurs façades : *le Château, le Chapeau de cardinal, la Cloche.* Henri VII les fit fermer en 1506. Il paraît qu'on fut bientôt obligé de les rouvrir; mais on n'en laissa subsister que douze, jusqu'en 1546, que Henri VIII les condamna pour jamais. Cet austère monarque, comme on sait, fit même proclamer, à son de trompe et par la voix du héraut, l'ordre à ses sujets de mener désormais une vie honnête et régulière (*to keep good and honest rule*). On ne pouvait mieux faire ; mais notre historien ne dit pas s'il fut exactement obéi. (JOHN STOW, *the Survey of London*. London, 1633, in-f°, chap. XLV, pag. 442 et s.)

Malgré les règlements que nous avons cités, il est toutefois certain que les femmes débauchées se répandaient frauduleusement dans tous les quartiers. Nous en trouvons la preuve dans une enquête dont les aldermen de Londres furent chargés, à ce qu'il nous semble, vers le commencement du seizième siècle. Nous savons déjà qu'ils avaient ordre de surveiller et de punir les filles publiques surprises dans les cabarets. Ils devaient aussi tenir la main à ce qu'elles ne s'introduisissent pas dans les étuves des divers quartiers de la ville, et à ce que les maisons de bains établies pour les femmes ne pussent pas être fréquentées par les jeunes garçons, les vagabonds et les gens mal famés. Les logeurs en contravention étaient condamnés à 20 livres d'amende. Nous apprenons encore, par cette enquête, l'odieux courtage auquel se livraient quelques entremetteuses, qui, sous prétexte de leur trouver des conditions meilleures, débauchaient de jeunes servantes et les livraient à des libertins. (*Ubi sup.*, p. 669 et s.)

Nous sommes obligé de revenir un peu sur nos pas pour combler une lacune. Nous donnerons ici quelques détails, relatifs à la Lombardie, qui auraient plus exactement trouvé place parmi ceux à l'aide desquels nous avons cherché plus haut à faire connaître la législation de plusieurs villes de l'Italie. Nous trouvons dans les Statuts et les Constitutions de Milan, qui se suivirent à très-peu d'années d'intervalle, les dispositions successives par lesquelles les législateurs de ce pays tentèrent, bien vainement, de contenir ou de réprimer la débauche publique. Les Statuts, qui avaient un caractère spécialement municipal, et que beaucoup d'autres cités italiennes avaient pris pour modèles, formaient, au commencement du seizième siècle, un Code déjà fort ancien, qui remontait aux premiers temps du Moyen Age, et souvent remanié, pour répondre aux besoins nouveaux, par les pouvoirs qui s'étaient succédé. La deuxième partie de ces Statuts, la seule qui nous intéresse, reçut, en 1502, la forme que nous lui voyons aujourd'hui, et fut promulguée par ordre de Louis XII, roi de France, alors maître du Milanais. C'est trente-neuf ans après, le 27 août 1541, sous le gouvernement de l'empereur Charles-Quint, que fut publié le recueil des Constitutions, compilation considérable et méthodiquement ordonnée des principaux décrets rendus antérieurement par le sénat de Milan.

Les Statuts confiaient au Vicaire ou lieutenant du Podestat une juridiction absolue sur les femmes de mauvaise vie, ainsi que sur les rôdeurs de nuit, les maisons de jeu et les détenteurs d'armes prohibées. Ce magistrat terminait sommairement les procès et jugeait à peu près arbitrairement les coupables. (*Leges et statuta ducatus Mediolanensis, commentariis illustrata ab* HORATIO CARPANO, Mediolani, 1616, in-f°, tom. II, pag. 14, II° pars, cap. XXVIII.) Les maisons destinées au honteux commerce de la Prostitution devaient se renfermer dans un quartier déterminé de la ville, quartier qui semblait, d'après les termes des Statuts, avoir reçu le nom que les lois du Moyen Age appliquaient à ces maisons mêmes. Elles étaient situées dans les environs de l'église Saint-Martin, et entre la rue voisine de l'église Saint-Paul, la maison des Quatre-Maries, l'église Saint-Zénon et la voie qui conduisait à la porte Tonsa, dans la Cité, et dans le faubourg, entre la première et la seconde enceinte. Il n'était permis de vendre ou de céder ces établissements ni aux enchères ni d'aucune autre façon, et il était également défendu d'en tenir en aucun autre lieu de la ville ou des faubourgs. En cas de contravention, les filles publiques étaient expulsées, les gens qui exploitaient leur libertinage et les propriétaires qui leur avaient sciemment fourni un asile étaient condamnés à une amende de 25 livres impériales. Les anciens des paroisses avaient ordre d'exercer à cet égard une surveillance attentive et de dénoncer, sous peine de 10 livres impériales, les contraventions au Podestat ou à son greffier (*officiali Bulletarum*), chargés de poursuivre et de faire exécuter la loi. Les Statuts, d'ailleurs, prévoyant la négligence des anciens, enjoignaient au Podestat lui-même et aux juges placés sous ses ordres de rechercher avec soin, dans toutes les paroisses de Milan, les femmes qui s'abandonnaient à la débauche, et, sur le témoignage de trois voisins âgés de plus de trente ans, de les chasser, non de la ville, mais de la paroisse où elles s'étaient cachées, disait seulement la loi.

Enfin, deux articles interdisaient formellement aux femmes de mauvaises mœurs, et aux hommes qui vivent dans leur compagnie, de fréquenter pendant le jour la place publique de Milan et d'y séjourner. Ceux qui y étaient rencontrés payaient dix écus impériaux sans forme de procès et en étaient chassés. Les femmes qui tentaient de résister aux ordres du magistrat recevoient de plus le fouet publiquement par la ville. Les amendes imposées aux contrevenants étaient, dans tous les cas, partagées entre l'accusateur et la Commune. (*Ubi. sup.*, cap. CCCCLXXII *et seq.*)

Ces dispositions n'avaient, on le voit, pour objet, que de renfermer le vice dans une enceinte bien déterminée, en l'empêchant de la franchir ; il jouissait, du reste, dans son domaine, d'une complète liberté d'allure, et pouvait se développer à l'aise. De telles mesures parurent bientôt insuffisantes, et les Constitutions du sénat s'efforcèrent, par des prescriptions nouvelles, non-seulement de le limiter, mais de le comprimer. (*Constitutiones dominii Mediolanensis*, etc., Mediolani, 1574, in-f°. Lib. IV, tit. xv, *De meretricibus et lenonibus.*) Ces Constitutions s'appliquaient également et à la ville de Milan et à tout le duché du Milanais, et l'exécution en était confiée, non plus au Vicaire du Podestat, mais au Podestat lui-même pour la capitale et aux juges ordinaires dans les autres villes. Outre qu'ils appliquaient les règlements de police, ils jugeaient aussi les contestations et les procès civils ou criminels qui s'élevaient entre les femmes débauchées elles-mêmes, ou entre elles et d'autres personnes, de quelque condition qu'elles fussent. Cette justice était sommaire, sans appel, sans forme de procès et sans scandale; les magistrats la rendaient également les jours fériés ou non fériés; ils informaient, condamnaient et frappaient tout à la fois.

Les Constitutions commençaient par renouveler les défenses de louer, en dehors du quartier réservé, aucune maison ou aucune chambre, à une femme de mauvaise vie, et elles aggravaient les peines prononcées contre les coupables. Les maisons louées ainsi directement ou indirectement et contrairement à la loi, ou même les hôtelleries qui avaient donné asile à des filles publiques, étaient saisies au profit du fisc ; il suffisait, pour que ces habitations fussent réputées avoir été louées ou vendues, que les délinquantes y fussent surprises de jour ou de nuit, ou qu'on y trouvât seulement leurs lits ou leurs effets. Il était même interdit à ces filles de parcourir les quartiers honnêtes de la ville ou des faubourgs, de s'y promener ou de s'y arrêter, tout autre jour que le dimanche, sans la permission du juge ; et en cas de contravention, elles subissaient une amende de dix pièces d'or. Comme dans les Statuts, les anciens des paroisses devaient dénoncer les contraventions, sous peine de trois pièces d'or ; mais il ne leur était accordé, pour faire leur déclaration, qu'un délai de trois jours, à partir de celui où ils étaient supposés avoir eu connaissance du délit, et il y avait présomption qu'ils n'avaient pu l'ignorer, lorsqu'il était de notoriété publique. La femme publique convaincue d'avoir désobéi était renfermée dans le quartier fatal. Les magistrats devaient encore veiller à l'exécution de la loi, et faire des recherches dans les différentes paroisses : toutefois, dans cet article, il s'agit, non pas des femmes dont la prostitution est reconnue, mais de celles qui, sans être descendues à ce degré d'abaissement, mènent néanmoins une vie désordonnée et scandaleuse, car elles sont seulement, sur la dénonciation de trois voisins âgés de plus de trente ans, chassées de la paroisse ; leurs nom, prénoms et demeure, l'année, le mois et le jour de leur expulsion sont inscrits sur un registre spécial par le notaire des causes criminelles, et ce n'est qu'après avoir été chassées trois fois qu'elles sont tenues pour femmes de folle vie et conduites dans les rues infâmes.

Nous avons vu que le sénat milanais s'était également assigné pour but d'opposer une digue aux progrès de la débauche. En effet, l'exploitation de la Prostitution était interdite par ses décrets. Il était bien permis à des femmes perverties de faire le honteux commerce de leur personne, mais elles ne pouvaient plus la vendre au profit d'un autre; celui ou celle qui les recueillait pour ce criminel objet était condamné à une amende de cinquante écus d'or. La loi défendait, à plus forte raison, sous peine de trois coups de corde ou des galères, de faire, sous aucun prétexte, directement ou indirectement, contracter à aucune femme l'engagement de se livrer à la Prostitution. Un contrat de ce genre était nul et sans effet. Les notaires et les autres personnes qui ne craignaient pas de le recevoir et d'en dresser acte étaient punis : le notaire par la privation de son office, et toute autre personne, par une amende de cinquante écus d'or. On ne pouvait même ni prêter de l'argent, ni fournir des vêtements aux femmes de mœurs dépravées, à la condition de percevoir le prix de leur inconduite. Cette dette n'était pas exigible ; et si celui qui avait prêté les vêtements tentait, sans la permission du juge, de les arracher ou d'en enlever d'autres, par compensation, à sa débitrice, il pouvait être poursuivi pour vol. On voit que la loi s'efforçait de déjouer toutes les ruses et de prévoir toutes les échappatoires des provocateurs de la débauche. Enfin, une amende de cinquante écus d'or frappait la fille publique qui entretenait auprès d'elle un homme exploitant sa débauche; et un châtiment corporel, trois coups de corde ou les galères, attendait les entremetteurs. Une peine plus forte même pouvait leur être appliquée. Le sénat, d'ailleurs, pour obtenir autant qu'il était en lui une exécution sévère de ses décrets, permettait à tous les citoyens d'accuser les coupables, et partageait entre le fisc et les dénonciateurs la plupart des amendes prononcées.

Ici, comme partout ailleurs, toutes ces précautions furent vaines ; les lois furent violées ou éludées, et le fléau ne cessa pas de s'étendre. En 1556, les femmes de mauvaise vie avaient envahi avec leurs dignes compagnons deux hôtelleries situées aux deux extrémités de la ville, l'une en dehors de la porte Orientale, et l'autre, l'hôtel de la Madeleine, au delà de la porte de Verceil. Cette dangereuse population se livrait à toutes sortes de désordres et de crimes qui épouvantaient les bons citoyens : un décret du sénat prescrivit son expulsion, et condamna à trois coups de corde en public les hôteliers qui recevraient dorénavant ces hôtes dissolus. (ANGELUS STEPHANUS GARONUS, *Ordin. et decreta*....... *ab excell. senatu Mediolani editæ*, page 60.)

Dans les premières années du dix-septième siècle, le mal n'avait fait qu'empirer ; les femmes perdues se multipliaient tous les jours ; elles se répandaient par toute la ville et y établissaient leur commerce réprouvé ; elles allaient provoquer le libertinage sur la place publique, malgré la défense des Statuts ; elles parcouraient chaque jour la cité dans tous les sens, malgré l'interdiction des Constitutions ; Statuts et Constitutions étaient à peu près tombés en désuétude, et il fallait que les honnêtes gens, incommodés ou contristés par le scandale, fissent violence aux juges pour les contraindre à les exécuter. (H. CARPANUS, *Statuta Mediolani*, t. II, pages 270, 271. *Proœmium*, et cap. 473, n° 5 ; cap. 474, lit. *c*; cap. 476, lit. *a*.)

Jusqu'à présent, nous avons vu la Prostitution protégée quelquefois, contenue presque toujours, par des règlements ou par des ordonnances, mais exercée librement par des personnes qui s'y livraient à leurs risques et périls, et traitée comme un impur commerce que les magistrats toléraient, faute de pouvoir l'interdire sans danger. Ceux-ci pourtant ne s'arrêtèrent pas à cette limite, que nos idées et nos mœurs actuelles ne permettent pas de dépasser. Ils tentèrent souvent, par une intervention directe et continue, d'atténuer des désordres inévitables, et il nous reste à considérer la débauche publique, transformée, pour ainsi dire, en institution municipale, organisée, surveillée, pourvue d'officiers spéciaux et, à quelques égards, publics, et, il faut bien l'ajouter, exploitée comme une branche de l'administration des cités.

En France, c'était surtout durant le Moyen Age, dans la province du Languedoc, que ces *institutions* s'étaient multipliées, bien qu'on les trouve aussi sur d'autres points du territoire. Cela avait la force d'un principe général de droit, et Louis XI le proclame à la façon d'une tradition de la monarchie. « De toute anciennté, dit-il dans une ordonnance que nous aurons l'occasion de rappeler plus bas, est de coustume en nostre païs de Languedoc, et especiallement ès bonnes villes dudit païs, estre establie une maison et demourance au dehors desdites villes, pour l'habitacion et résidence des filles communes, tant de celles qui y font résidence que autres passans et frequentans ledit païs. » (*Ordonn. des R. de la 3e R.*, XX, 180.) Les plus célèbres, ou du moins les mieux connus de ces établissements, furent ceux de Toulouse et de Montpellier.

A Toulouse, la maison de débauche existait sous les Comtes, et au moins dès la fin du douzième siècle ; elle était située dans la rue de Comenge. Mais cet établissement eut pendant quatre siècles, et jusqu'au moment de sa chute, une destinée bien vagabonde. Une ordonnance des capitouls, de l'an

1201, le transféra dans le faubourg Saint-Cyprien; plus tard, on le relégua hors des murs de la ville, près de la porte et dans le quartier des Croses. Ce fut alors que, par un abus de mots assez fréquent du reste, et qui, pour le Moyen Age, n'était point une profanation, cette demeure impure prit le nom de *Grant-Abbaye*. La Commune et l'Université avaient fait de concert les frais d'installation de ces *fillas communas*, comme on les appelait, et restaient, *bono jure et justo titulo*, propriétaires de leur habitation. C'est là que nous les trouvons en 1424. Un trésorier, commis par les capitouls, y percevait un impôt fort avantageux (*commodum magnum*) que l'administration appliquait à l'entretien de la ville et des hôpitaux. Mais, en cette année 1424, les revenus baissèrent sensiblement, et cela aux grands regrets des magistrats. La jeunesse turbulente de Toulouse, qui n'avait jamais, à ce qu'il paraît, ménagé les avanies aux malheureuses livrées à son libertinage, redoublait de violence et de brutalité. Les libertins injuriaient et battaient ces femmes et leurs familles, qui, comme on le voit, demeuraient avec elles dans cette honteuse retraite. Quand ils avaient brisé les meubles, ils s'attaquaient à la maison elle-même, enfonçaient les portes et détruisaient jusqu'à la toiture. Personne n'osait plus approcher de cet asile envahi et ravagé par quelques ribauds et mauvais sujets. L'autorité, méconnue, était restée impuissante. Les capitouls et l'Université, éperdus et ne sachant à quel saint se vouer, s'adressèrent au roi Charles VII pour le supplier de faire cesser un état de choses qui compromettait leurs intérêts et qui troublait le repos de la cité. Le roi entendit leur prière et n'y fut pas insensible. Il rappela les coupables à la crainte de Dieu (*non verentes Deum*), non pas en leur interdisant l'accès d'une maison où la morale était outragée, mais en leur enjoignant de ne plus y casser les vitres. Il ordonna à ses officiers de la protéger et de la défendre, les autorisant, si ces désordres s'y reproduisaient, de planter devant ce mauvais lieu les panonceaux fleurdelisés de France, pour imposer aux perturbateurs. Les fleurs de lis elles-mêmes ne préservèrent pas les pauvres pécheresses, car elles vinrent bientôt, pour être plus à portée des secours, habiter à l'intérieur de la ville le même quartier des Croses. Elles y restèrent moins d'un siècle, et en 1525, le quittant pour faire place aux bâtiments de l'Université qu'on y construisit, elles émigrèrent en un lieu nommé le Pré Moutardi, dans une maison achetée par la Ville à M. de Saint-Pol, maître des requêtes, et qu'on appela dès lors le *Château-Vert*. En 1557, le Château-Vert était complétement désert. Des règlements sévères gênaient les filles publiques : la peste qui régnait alors leur avait fait ordonner de rester enfermées; quelques-unes même avaient été fouettées pour avoir désobéi. Pour comble de malheur, la famine ne laissait guère aux habitants le moyen de rechercher les plaisirs dont elles faisaient commerce. Elles prirent donc toutes la fuite ; mais ce ne fut pas pour longtemps ; car elles étaient revenues à leur poste, en 1560. Les magistrats, offensés des railleries qui couraient la ville et qui les accusaient d'acheter leurs robes avec l'impôt du Château-Vert, en abandonnèrent, à cette époque, le produit aux hôpitaux. Six ans après, ceux-ci rendirent à la ville un bénéfice compensé par une trop lourde charge, par l'obligation de recevoir et de soigner les malades qui sortaient de ce lieu de débauche, et les capitouls pensèrent un instant à abolir une maison qui était pour eux la cause de tant de tracasseries. Un conseil solennel fut réuni, auquel prirent part les hommes considérables de la cité, et « il passa à l'avis de l'abbé de la Casedieu, qui fut appuïé de celui du Premier Président, de différer cette suppression à un autre temps. » (Lafaille, I, 185.) Peut-être aussi, deux scandales dont Toulouse avait été le théâtre entraient-ils pour quelque chose dans les raisons qui invitaient les capitouls à se débarrasser du Château-Vert. En 1559, ils trouvèrent quatre femmes perdues dans la maison des Grands-Augustins ; les autres s'étaient enfuies. Les magistrats comprirent la nécessité de faire un coup de vigueur et de réprimer sévèrement la débauche des moines qui n'avaient pas craint de souiller leur caractère sacré. Ils n'hésitèrent pas : ils firent pendre trois de ces malheureuses filles publiques, aux trois portes du couvent. Un des moines fut envoyé, les fers aux pieds, à son évêque. Le même fait se reproduisit en 1566, dans le couvent des Béguins. Trois femmes y furent prises, et, cette fois, elles furent toutes trois pendues.

Il paraît qu'en 1587 la Prostitution avait été chassée de Toulouse. La peste alors y sévissait, et un des capitouls, atteint par le fléau, était sorti de la ville pour faire quarantaine. Il rencontra dans les champs une multitude de femmes prostituées. A son retour, « il en fit (*id.*, II, 400) un article du conseil de ville, où il fut délibéré de réprimer cette débauche. Il fit enfermer un grand nombre de ces perdues qu'on atachoit à des tombereaux pour le neteiement des rues. » (*Ordon. des R. de la 3ᵉ R.*, XIII, 75 ; LAFAILLE, *Annales de la ville de Toulouse*, 1687, in-f°, I, 185 ; II, 189, 199, 280 ; CATEL, *Mémoires de l'histoire du Languedoc*, 1633, in-f°, 187.)

Nous connaissons, par deux ordonnances de Louis XI et de Charles VIII, les incidents qui signalèrent pendant la durée du quinzième siècle l'histoire de la débauche publique dans la ville de Montpellier. Un certain habitant nommé Panais possédait et administrait, au commencement de ce siècle, la maison consacrée à ce honteux usage ; il mourut dans l'exercice de ses fonctions, et fonda son honnête dynastie, en léguant cet établissement à ses deux fils Aubert et Guillaume, qui s'associèrent avec un banquier de Montpellier, Guillaume de la Croix. Ils embellirent cette demeure, où ils voulaient réunir toutes les voluptés, et attirer tous les libertins : « du consentement des filles qui pour lors y estoient, » ils firent « construire et édiffier, à leurs propres coustz et dépens, estuves et baings pour lesdites filles, et en icelle construction et édifficacion ont fait de grandes et somptueuses dépenses, afin d'eschever que elles n'allassent estuver ne baigner en ladite ville ou ailleurs. » A cette époque, et avant de faire ces frais considérables, ils avaient voulu s'assurer le privilége exclusif de leur lucrative industrie, et par « un certain instrument publique, » passé entre eux et « le recteur de la part antique » de la ville, il fut fait défense d'établir à Montpellier aucune autre maison de débauche, « cabaret, hôtellerie ou autres estuves, pour loger, retraire ne estuver lesdites filles communes, sous peine de perdre et confisquer lesdites maisons. » Toutefois, ils n'avaient pas obtenu gratuitement tous ces avantages, et ils s'étaient engagés en échange à payer « chacun an la somme de cinq livres tournois, à certaines paies et solucions. » Tout le monde était content, comme on voit, et leurs affaires prospéraient, lorsque, vers 1458, « un nommé Paullet Dandréa, par envie ou autrement, » imagina de faire à nos entrepreneurs, dans l'intérieur de la ville, « en la partie de la Baillie, » une redoutable concurrence ; redoutable, en effet, car les folles femmes désertèrent l'hôtel Panais pour l'hôtel Dandréa, à l'épouvante des entrepreneurs, et aussi au grand regret des habitants, des consuls et de quelques gens d'église, voisins du nouvel établissement, qui trouvaient la chose « en grand vitupère et déshonneur, et de très-mauvais exemple des femmes mariées, bourgoyses et autres, et de leurs filles et servantes. » Les Panais jetèrent les hauts cris ; appuyés des magistrats de la ville, ils portèrent plainte devant le sire de Montaigu, sénéchal du Limousin ; ils gagnèrent leur cause, et Dandréa reçut « inhibicion et deffense, sous peine de dix marcs d'argent, » de donner désormais asile à des filles de mauvaise vie. Peu tranquilles toutefois, malgré un tel succès, les vainqueurs demandèrent au roi la confirmation de l'arrêt, s'appuyant (raisonnement bizarre), pour conserver leur privilége, sur l'ordonnance d'interdiction de saint Louis. Le roi de France compatit encore cette fois à leurs inquiétudes : voulant mettre les frères Panais en mesure « d'eschiver les questions, noises et desbatz qui en pourroient advenir, » et considérant « mesmement ladite redevance à lui deue à la cause cidessus, » il accorda, en 1469, la confirmation qu'on lui demandait, « parmy ce que lesdits suppléans seront tenuz paier lesdites cinq livres tournois par chacun an. » Les concurrents, cependant, ne se le tinrent pas pour dit ; le métier, on doit le croire, était bon à cette époque, et vingt ans après, en 1489, nous retrouvons Guillaume Panais et Guillaume de la Croix, qui, depuis la première ordonnance, avait gagné le titre d'*ami et féal Conseiller du roi* de France, et la charge de trésorier de ses guerres, nous les retrouvons, « doubtant que aucuns leur voulsissent en la joyssance des choses dessus déclairées donner destourbier et empeschement, » et demandant au successeur de Louis XI l'approbation de la précédente ordonnance « pour le bien et intérest de la chose publicque. » (*Ordon. des rois de la troisième race*, XX, 180.— Au Montilz-lès-Tours, 6 décembre 1469 ; Amboise, juillet 1489.)

Nous avons quelque raison de croire que la ville de Rhodez contenait un établissement du genre de ceux que nous venons de mentionner; car l'évêque, dans un règlement de 1307, défend expressément à tous les habitants de loger dans leurs demeures les filles de mauvaise vie, bien que le même acte contienne des injonctions qui supposent l'existence d'un lieu de Prostitution. (Champollion-Figeac, *Mélanges historiques*, III, 17.) Il y en avait un aussi à Sisteron. Il semble, toutefois, qu'il fut établi assez tard. Le sous-viguier de cette ville, par un excès de pouvoir semblable à celui que nous avons remarqué à Naples, jetait arbitrairement en prison, sous prétexte de ...tion, comme nous le voyons par un acte de 1380, et afin de leur extorquer de l'argent, d'honnêtes personnes accourues avec leurs amants pour fixer leur domicile dans la cité, mais qui, du reste, menaient une vie régulière et irréprochable (*licet vitam honestam teneant, saltem cum amicis prædictis*). On lui défendit, sous peine arbitraire et sévère, de recommencer à l'avenir; mais ce n'est qu'en 1394 qu'on vit les magistrats municipaux s'occuper d'acquérir, aux frais de la commune, une maison spéciale pour y renfermer les filles de joie. Sans doute, en 1405, l'acquisition n'étant pas encore faite, elles avaient fui et l'on n'en trouvait plus aucune dans Sisteron. Les honnêtes habitants étaient fort inquiétés par cette absence qui compromettait la sécurité de leurs femmes et de leurs filles; en 1424, enfin, la ville pouvait offrir un refuge aux femmes publiques. (Ed. de LAPLANE, *Hist. de Sisteron*, I, 527.) Celles qui venaient à Sisteron par le passage de Peipin, devaient, comme les juifs, un droit de péage de cinq sols au profit des dames de Sainte-Claire. On avait institué à Nîmes une gouvernante des filles de joie (*magistra*), qui à des époques fixées donnait aux Consuls ou recevait d'eux un présent appelé *baiser*. (DUCANGE, V° *Osculum*.) A Beaucaire, cette gouvernante s'appelait l'*Abbesse*. La règle de la maison lui imposait une condition singulière, il ne lui était pas permis d'accorder plus d'une nuit à chacun de ceux que ses charmes avaient séduits. En 1414, c'était une femme du nom de Marguerite, qui occupait cette honteuse magistrature. Un certain Anequin, fort épris d'elle, à ce qu'il semble, et plus exigeant qu'il n'était permis, l'avait fait manquer six fois à l'ordonnance. Elle fut donc obligée de payer au châtelain une amende de dix sols tournois. En 1530, les revenus que les villes de Beaucaire et de Nîmes retiraient de la débauche n'avaient aucune importance ; faut-il en conclure que les mœurs s'étaient épurées ? Quoi qu'il en soit, Antoine Boireau, receveur de la trésorerie de ces deux villes, ne faisait figurer dans ses comptes qu'une somme de quinze sols pour les droits perçus pendant trois ans dans trois maisons diffamées. A Saint-Saturnin-du-Port régnait une coutume analogue à celle de Beaucaire, et nous voyons que, dans la même année 1414, Isabelle la boulangère fut condamnée à une amende de dix sols pour avoir accordé un rendez-vous, pendant le jour de Pâques, à un habitant, du nom de Georges, qui pourtant était son amant (*ejus amico*). (DUCANGE, V° *Meretricalis vestis*.) Un arrêté municipal de 1475 enjoignit aux femmes publiques de Lyon de quitter « les bonnes et honorables rues, » et leur assigna deux maisons qui devaient leur servir de retraite, et qui, pour que la surveillance y fût plus facile et plus sûre, n'avaient pas chacune plus d'une issue. (GUILL. PARADIN, *Mémoires de l'histoire de Lyon*, 1573, in-folio, chap. LXVIII, p. 192.)

Sous le règne de Henri II, roi d'Angleterre, dans la seconde moitié du douzième siècle, Rouen possédait aussi un lupanar public, placé sous la garde d'un certain Balderic, pourvu d'ailleurs de fonctions assez variées : à l'honorable surveillance qui lui était confiée, il réunissait le titre de maréchal du roi-duc, pendant ses séjours à Rouen, les fonctions de garde de la prison et de la porte du château, aux gages de deux sols par jour, et enfin la perception du droit de glandée. (DUCANGE, V° *Pastio, panagator*.)

Personne ne s'étonnera de trouver répandu en Italie l'usage de ces maisons publiques et privilégiées. La commune de Mantoue en avait institué une dans son sein, si l'on doit prendre à la lettre les statuts cités par Ducange, et s'il ne s'agit pas plutôt, comme pour Milan, d'un quartier réservé dans la ville. (*Id.*, V° *Meretricalis vestis*.) Quant à Venise, c'était peut-être dans le monde le foyer le plus actif de la débauche et de la Prostitution : en aucun lieu on ne trouvait autant de femmes communes; elles étaient, en quelque façon, une partie du gouvernement dans cette république ombrageuse; soit que les magistrats voulussent amollir dans les plaisirs et dans le désordre la jeunesse vénitienne et la détourner de l'étude des affaires, soit même que ces innombrables courtisanes devinssent les auxiliaires de leur police infatigable. La grande affluence des étrangers était aussi une cause naturelle de ce relâchement. En 1421, la République appela des femmes étrangères pour les livrer à l'incontinence publique, *per conservar la honesta della terra;* on les plaça dans un lieu nommé Carampana; une matrone placée à leur tête administrait la communauté, tenait la caisse, recevait l'or lustral (*aurum lustrale*), et, une fois chaque mois, partageait les bénéfices entre les associées. Il paraît que, dans cet atelier national, on avait adopté l'égalité des salaires. (NICOLO DOGLIONI, *Delle cose notabili della città di Venetia*, Venet., 1587, in-12, p. 23.) Un écrivain dont le nom même ne se prononce pas sans hésiter, l'Arétin, nous a laissé, dans son opuscule curieux et rare, les noms des femmes débauchées qui, vers 1530, attiraient surtout les regards des libertins. Il y joint des détails sur leur existence à la fois licencieuse et misérable, et l'indication du prix qu'elles attachaient à leurs tristes faveurs. Nous voyons passer tour à tour, dans cette galerie immonde, Laura Pesciotta, Perina et Paola Lavondera, Marina Stella, Cecilia Bragadino; Marietta Pisani, toute fière encore des royales préférences de François Ier; Rianzifiore Negro, dont la vertu ne pesait pas plus de trois écus; Lena Balbi et Giacomina Fassol, auxquelles deux écus seulement semblaient un suffisant salaire.

Un voyageur français, Antoine de Lalaing, qui visita l'Espagne en 1501, à la suite de Philippe-le-Beau, nous a laissé un tableau singulier de ce qu'était la maison publique de Valence, au moins à la fin du quinzième siècle; elle était établie, on peut le dire, sur des proportions colossales. Ce lieu, dit notre voyageur, « est grand comme une petite ville et fermé à l'entour de murs et de une seule porte. Et devant la porte y est ordonné ung gibet pour les malfaicteurs qui porroient estre dedans; à la porte, ung homme, à ce ordonné, oste les bastons des venillans entrer dedans et leur dit, s'ils lui vuelent bailler leur argent se ils en 'ont, qu'il leur en rendra au vuidier bon compte sans perdre; et d'avanture s'ils en ont et ne le baillent, si on leur vole la nuit, le portier n'en est respondant. En ce lieu sont trois ou quatre rues pleines de petites maisons où en chascune a filles bien gorgiases, vestues de velours et de satin. Et sont de deux à trois cent filles; elles ont leurs maisoncelles tendues et accoustrées de bons linges. Le taux ordonné est quatre deniers de leur monnoye, lesquels à nous valent un gros. En Castille ne payent que quatre malvidis, dont se prent le dixième denier comme des autres choses cy après déclarées, et ne peut-on plus demander pour la nuit. Tavernes et cabarets y sont. On ne peut, pour la chaleur, si bien veoir ce lieu de jour que on faict de nuict ou soir, car elles sont lors assises à leurs huys, la belle lampe pendante emprès d'elles pour les mieulx veoir à l'aise. Il y a deux médecins ordonnés et gagiés à la ville pour chacune semaine visiter les filles à sçavoir si elles ont aulcunes maladies pocques, ou aultres secrettes, pour les faire vuidier du lieu. S'il y en a aulcune malade de la ville, les seigneurs d'icelle ont ordonné lieu pour les meetre à leur depens, et les foraines sont renvoyées où elles veulent aller. J'ay ci escript pour ce que je n'ay ouï parler de meetre telle police en si vil lieu. » (*Dict. de la conversation.* REIFFENBER. V° *Femmes et filles de folle vie.*) Lalaing avait raison, et certes il n'y avait aucun pays où les choses se passassent avec tant d'ordre. Nous n'avons pu résister au désir de citer en entier ce curieux passage; comment aurions-nous reproduit dans notre analyse l'honnête et naïve admiration du voyageur? Nous ne saurions dire si l'usage de mettre ainsi la débauche en régie était ancien et général pour l'Espagne; mais il est certain qu'on y rencontrait aussi des femmes publiques qui exerçaient librement leur métier. En effet, une pragmatique de Philippe II, en 1575, pour imposer une barrière aux progrès du libertinage (*porque con su exemplo ne se crien facilmente otras*) leur interdit de prendre à leur service des domestiques au-dessous de quarante ans, sous peine, pour les deux coupables, d'un an d'exil, et de plus, pour la maîtresse, d'une amende de deux mille maravedis. La même loi leur défendait aussi, et sous la même peine, de se faire accompagner par des écuyers. On voit qu'il y en avait alors qui menaient grand train. Remarquons, d'ailleurs, qu'il s'agit véritablement ici de femmes publiques (*las mugeres que publicamente son malas de sus personas*), et ajoutons, pour finir, qu'un décret de 1623 abolit d'une manière absolue, et pour toutes les villes du royaume, les maisons publiques de Prostitution. (*Novisima recopilacion*, lib. XII, tit. xxvi, Ley vi.)

Nous avons vu des *maîtresses* et des *abbesses* de lieux publics; voici venir une *reine* : tous les noms respectables devaient y passer, c'est la ville de Genève qui forgea cette couronne. La reine des filles de joie était élue par les magistrats, et, le jour de son installation, elle prêtait le serment solennel de faire exécuter les règlements. Le registre de 1520 constate l'accomplissement de cette formalité; elle devait surtout empêcher ses sujettes de sortir du quartier qui leur était assigné : elle y réussissait à ce qu'il paraît fort mal. (Spon, *Hist. de Genève*, I, liv. iii, 287. — Volt., XIX, *Essai sur les mœurs*, IV, 285, édit. 1785.) « Un privilége exclusif autorisait ces filles, à Nuremberg, à poursuivre celles qui, sans être de leur corps, s'adonnaient au libertinage. » (Meiners, I, 261, cité par Koch, *ubi sup.*, 345.) A Schelestadt, c'était un homme que les magistrats avaient préposé à la surveillance de la maison et au maintien de la police. On l'appelait *hôte des filles* (Tœchterwirth). L'ordonnance des magistrats sur l'*impureté* contenait un article fort sage : quand on pénétrait la nuit dans cette maison mal famée, ce ne devait pas être pour obéir à un sentiment de curiosité vaine, mais bien pour mériter réellement le blâme auquel on s'exposait. Des réunions inquiétantes pour le repos public n'y étaient pas tolérées : après la troisième cloche du soir, l'homme surpris tout à fait habillé dans cette maison était frappé d'une amende de deux schillings. Il fallait qu'il fût au lit pour échapper à l'action de la loi, à moins cependant que ce ne fût un samedi ou la veille d'un grand jour de fête, auquel cas il payait cinq schillings.

Nous avons vu déjà plus d'une fois, dans le cours de cette étude, que la Prostitution était devenue, dans la plupart des villes où on la tolérait, une source de revenu; nous nous contenterons d'en citer encore ici un petit nombre d'exemples, dont quelques-uns ne manquent pas de peindre au vif les mœurs singulières de ces temps-là. En 1283, le roi de France percevait un droit sur les filles publiques de Verneuil. (DUCANGE, V° *Putagium.*) Le seigneur de Béthisy faisait payer à chaque femme qui visitait sa seigneurie une taxe de quatre deniers parisis. Il avait été un temps où elles arrivaient en assez grand nombre pour produire un total de dix sols par an; mais en 1376 l'impôt s'était réduit à la moitié. (SAUVAL, II, liv. VIII, 465.) Quelques-unes de ces redevances avaient un caractère moins fiscal, mais plus étrange; ainsi, toute femme publique qui entrait pour la première fois Montluçon devait payer sa bienvenue sur le pont de la ville en donnant quatre deniers ou en faisant *unum bombum*; le registre de la Chambre des comptes traduit le mot en bon français. (DELAMARE, *ubi sup.*)

« Et tout de même, dit Sauval, citant un aveu (*ubi sup.*), le seigneur de Souloire reconnoit que, de toutes ces femmes-là qui passent sur la chaussée de l'étang de Souloire, son juge prend ou la manche du bras droit, ou quatre deniers, ou *autre chose*. Cette *autre chose* revient plusieurs fois. Le seigneur de Poizac ou Poizay, dans la paroisse de Verruye, en Poitou, se réserve formellement le droit de prélever, sur chaque fille trouvée en la paroisse, une taxe de quatre deniers (il paraît que c'était le taux habituel), ou de prendre *de ses denrées* (1469). Il en était de même dans une autre seigneurie que Joseph Constant ne nomme pas, bien que déjà à cette époque le parlement eût sévi contre des prétentions aussi contraires à l'honnêteté publique. (*Responsa Joh. Rosselli Borderii et Jo. Constantii ad varias quæstiones in Consuetudinem Pictonum*. Poitiers, 1659, in-f°, p. 110.)

Le législateur ne s'était pas contenté d'éloigner les filles publiques du contact des honnêtes gens, de les reléguer dans des quartiers éloignés, ou même de les renfermer dans des maisons dont il gardait la clef : il voulut, pour les signaler davantage encore au mépris public, comme nous l'avons déjà indiqué d'un mot, les obliger à porter un costume particulier ou du moins des marques distinctives. Elles ne réagirent pas avec moins de persévérance contre les mesures qui les faisaient connaître, qui les contraignaient de proclamer leur honte, et qui les livraient aux injures et aux avanies des mauvais garnements. Elles sentaient vivement l'humiliation qu'on leur imposait, et elles firent toujours tous leurs efforts pour y échapper. Le premier règlement de ce genre que nous connaissions, pour la ville de Paris, est mentionné par le chroniqueur Geoffroy; nous reproduisons exactement son récit, sans le corriger, bien que ce récit contienne une erreur évidente. Il se rapporte, en effet, à l'année 1158 et au règne de Louis VII, et l'auteur donne à la reine de France le nom de *Marguerite*. Faut-il croire que quelque copiste a substitué ce nom à celui d'Éléonore, qui partageait alors le trône de Louis? Doit-on penser que le passage est interpolé et qu'il s'agit réellement de Marguerite, femme de saint Louis, et d'un fait postérieur d'un demi-siècle à la date indiquée? Nous ne savons; mais toutefois nous pencherions volontiers vers la première explication. Quoi qu'il en soit, voici le passage en question. La reine était allée faire ses dévotions à l'église des Saints-Innocents; une femme s'approcha d'elle, couverte de vêtements magnifiques : trompée par l'apparence, Marguerite, suivant la coutume, lui donna le baiser de paix. C'était une fille de joie de la cour; la reine l'apprit et s'en plaignit à son époux, qui, pour prévenir désormais un semblable scandale, interdit l'usage des manteaux aux femmes publiques de Paris. (*Chronica Gaufridi*, cap. LV, pag. 309; *apud* Labbe, *Nova bibliotheca Mss. librorum*, Paris, 1657.) Les ordonnances, souvent renouvelées pour obliger ces femmes à se soumettre aux interdictions qui leur avaient été imposées, se reproduisent presque toutes, sauf les différences qu'y introduisirent les changements naturels des costumes et des modes. Celle de 1360 porte défense « à toutes filles et femmes faisant péchez de leur corps d'avoir la hardiesse de porter sur leurs robes et chaperons aucuns gez ou broderies, boutonnières d'argent, blanches ou dorées, des perles ni des manteaux fourrés de gris. » En 1415 et 1419, on y ajoute les ceintures d'or ou dorées (c'est à  cette époque sans doute que le proverbe si connu prit naissance), les fourrures de menu vair et d'écureuil, et toutes les « autres fourrures honnêtes, » et les boucles d'argent aux souliers. En 1420, le parlement fait mention, dans un arrêt, de robes à collets renversés et à queues traînantes; on exclut toute fourrure, d'une façon absolue. Enfin, en 1426, un autre arrêt du même tribunal comprend dans l'interdiction l'étoffe de « drap écarlate en robes et en chaperons, » et les ceintures ou tissus de soie. On donnait huit jours aux filles publiques pour quitter les vêtements défendus; après quoi elles étaient arrêtées par des sergents, menées au Châtelet et condamnées à une amende arbitraire. Les objets saisis en contravention étaient, de plus, confisqués, vendus au profit du roi : le sergent qui les avait livrés à la justice recevait cinq sols pour sa peine; en vertu de l'ordonnance de 1360, il avait aussi le quart dans le produit de la vente. Ces ordonnances, du reste, paraissent avoir été sévèrement exécutées; nous en avons la preuve dans les registres de la chambre des comptes, où il est souvent question des ventes opérées par l'autorité de la justice, surtout entre les années 1428 et 1464. Les parures saisies ne témoignent pas d'un grand luxe; ce sont ordinairement quelque « ceinture sur vieil tissu de soie noire où il y avoit une platine et huit clous d'argent, boucle et mordant de fer blanc; » une ceinture de ce genre valait pourtant environ deux livres, en 1428. Une robe saisie sur Jehannette, veuve de feu Pierre Michel, qui allait « à val la ville, » était adjugée pour sept livres douze sols parisis. (DELAMARE, *ubi supra*.) Cet argent n'entrait pas toujours fidèlement dans les caisses du roi; il restait parfois en chemin, et une ordonnance de Henri VI d'Angleterre défend au prévôt « que doresnavant il ne preigne ou applique à son prouffit les ceintures, joyaux, habits, vestements ou autres paremens défenduz aux filles et femmes amoureuses ou dissolues. » (*Ordonn. des rois de la 3ᵉ R.*, XIII, 89.) Les pauvres filles étaient désolées d'une sévérité qui les ruinait et qui les empêchait de se soustraire à la note infamante. Pour nous, il nous semble que l'avis le plus sage est celui d'Étienne Pasquier, adopté du reste par les sociétés moderne : « A la mienne volonté, dit-il, que ceux qui donnèrent cet arrêt eussent tourné la charrue, et que non-seulement ès ceintures dorées, ains entre toutes autres dorures et affiquets ils eussent fait deffences à toutes femmes d'honneur d'en porter, sous peine d'être déclarées... (femmes débauchées), car il n'y auroit point plus prompt moyen que cestuy pour bannir la superfluité et bombance de dames. » (PASQUIER, *Recherches*, liv. VIII, chap. XI.) Quelques efforts, en effet, que tentent des créatures perverties pour se confondre avec les femmes de bien, deux parures leur manquent, qu'on ne retrouve plus quand on les a perdues, la simplicité et la pudeur.

Voyons rapidement quelques-uns des moyens adoptés pour signaler les femmes de péché, reconnaissables d'ailleurs à leur libre allure et à la « robe lassée au costé. » (DUCANGE, V° *Femina vitæ*.) Celui qu'on employait le plus généralement en France était une aiguillette, d'une couleur déterminée, suspendue à l'une ou l'autre épaule. (REBUFFI, cité par GARONUS, *ubi sup.*, *ad artic.* II, n° 6.) Les magistrats de Toulouse avaient porté, sur cette matière, des ordonnances sévères ; ils avaient déterminé « certains chaperons et cordons blancs à quoy elles étoient astreintes porter; » et ces femmes, qui ne se pouvaient « pour cela vestir ne assegnier à leur plaisir, » supportaient difficilement une telle contrainte. Lorsqu'en 1389 Charles VI fit son entrée dans la capitale du Languedoc, les habitants de la *Grant Abbaye,* comme on appelait alors ce lieu, lui demandèrent, en don de joyeux avénement, de les délivrer « des injures et vitupères » que leur attiraient leurs insignes. Le roi parut se laisser fléchir, mais il ne leur fit pas une grande concession, quand il ordonna «que doresenavant elles ne leurs successeurs en ladicte Abbaye portent et puissent porter et vestir telles robes et chapperons et de telles couleurs comme elles vouldront vestir et porter; parmi ce qu'elles seront tenues de porter, en tour l'un de leurs bras, une ensaingne ou différence d'un jaretier ou lisière de drap d'autre couleur que la robbe qu'elles auront vestue ou vestiront. » Avaient-elles gagné leur procès et furent-elles les dupes de cette fausse générosité? La *différence* qu'on leur imposait était précisément la note d'infamie qui restait attachée à leur personne. (*Ordon. des Rois de la troisième race,* t. VII, p. 327.) Plus tard, du reste, et après l'ordonnance de 1424, on en revint à des mesures plus sévères. On leur interdit de porter des robes et garnitures de soie, de se promener dans les rues et de parler aux femmes honnêtes. (CATEL., *ubi sup.*) L'évêque de Rhodez, en 1307, dans l'acte que nous avons déjà cité, défendit aux femmes de mauvaise vie, sous peine de confiscation, de porter des capes, des manteaux, des voiles, des robes à queue ou dépassant les chevilles, ou toute autre parure de celles dont les femmes honnêtes ont coutume de faire usage. (CHAMPOLLION-FIGEAC, *Mélanges historiques*, t. III, p. 17.) A Marseille, comme nous l'avons vu pour Paris, elles devaient s'abstenir de la couleur écarlate, sous peine d'amende, et, en cas de récidive, du fouet. A Avignon, en 1372, on saisit sur elles les voiles, les manteaux, les chapelets d'ambre, les anneaux d'or, et on leur fit payer l'amende. (JULES COURTET, *ubi sup.*) A Lyon, par l'ordonnance de 1475, en même temps qu'on met un *veto* sur le drap de soie, « les corroyes garnies d'argent, » les fourrures de robes, « de penne gris, menu-vair, laitisses, peaue noire ou blanche d'aigneaux, excepté tant seulement un pelisson de noir ou de blanc, » et les chaperons « de femme de bien, » avec menace de confiscation, on leur impose l'obligation, sous peine de prison et de soixante sols d'amende, de porter « continuellement chacune au bras senestre, sur la manche de leurs robes, trois doigts en-dessous de la jointure de l'espaule, une esguillette rouge, pendant en double du long du bras, demy pied. » (GUILL. PARADIN, *ubi sup.*) C'était sur la manche droite, que les filles de Nevers plaçaient cette aiguillette. (PARMENTIER, *ubi sup.*) Les guirlandes, les voiles, l'hermine, exposaient les filles de Bagnols, ou de Bagnolet, à une punition, de même que les capuchons couverts ornés de boutons, à moins qu'ils ne fussent tout à fait fermés. (DUCANGE, V° *Mulier levis.*)

Jules III, Paul IV et Pie IV renouvelèrent à Rome, dans la seconde moitié du seizième siècle, les édits relatifs aux vêtements des femmes publiques. (LABBE, *Sacrosancta Concilia*, t. I, col. 1265. B.) Les statuts de Mantoue les obligeaient, lorsqu'elles parcouraient la ville, à couvrir leurs habits d'un manteau court d'étoffe blanche. Elles devaient aussi placer devant elles une petite clochette ou un grelot (*sonalium*), sous peine de cent sols d'amende. Ce grelot ornait également le bonnet rouge des maîtresses de maison à Bergame. Leurs subordonnées se couvraient d'un manteau de futaine jaune. A Parme, le manteau était blanc, comme à Mantoue ; il descendait jusqu'à la ceinture, et les statuts défendaient aux femmes publiques de dépasser les limites de la place publique. (GARONUS, *ubi sup.* ad art. 10 et art. 11, n° 8 ; p. 22 et 25.) Les maîtresses se coiffaient aussi du bonnet rouge à Padoue, mais elles étaient dispensées du grelot ; les *meretrice* entouraient leurs épaules d'un collet long de trois aunes. A Milan, les prescriptions avaient varié : sous l'empire des Statuts, les femmes de mauvaise vie devaient se couvrir les épaules d'un manteau de futaine noire, de la largeur d'une tierce (*tertiæ unius*) et à manches de même étoffe. En cas de contravention, elles étaient condamnées à une amende de dix livres impériales, partagées également entre la commune et le dénonciateur, et si elles refusaient de la payer elles recevaient le fouet, *sans forme de procès*. (H. CARPANUS, *Statut. Mediol.*, cap. 473.) Les Constitutions avaient changé ce triste uniforme en une parure plus élégante, et lui avaient substitué un mantelet de soie blanche, assez large et assez long pour couvrir les épaules et la poitrine et pour être vu de tous. La peine de la désobéissance était cette fois plus sévère : c'était d'abord une amende de dix écus d'or, partagée entre l'accusateur et le fisc, et, en cas de récidive, le fouet et l'exposition publique au carcan, pendant tout un jour. Chaque citoyen avait, en outre, le droit d'arracher par force les vêtements aux femmes débauchées qu'il rencontrait en contravention.

Le maire de Londres obtint, en 1352, un acte du parlement qui enjoignait aux femmes débauchées de se faire reconnaître par une certaine coiffure et des vêtements rayés de diverses couleurs. (JOHN STOWE, *ubi sup.*, p. 553.) En 1388, le magistrat de Strasbourg détermina aussi le signe qui les distinguait; c'était un chapeau noir et blanc, en forme de pain de sucre, placé par-dessus leur voile. On condamnait à une amende de trente schillings celle qui contrevenait à l'ordonnance. (ROCH, *ubi sup.*)

Des pragmatiques promulguées dans le cours du

seizième siècle, et qui paraissent rappeler des usages plus anciens, les soumettaient également, en Espagne, à des lois somptuaires qu'elles observaient assez mal, s'il faut en croire la description que nous avons citée des « maisoncelles » de Valence. Sous peine de confiscation, on leur interdisait l'or, les perles, la soie, et, comme des lois du même genre réglaient aussi et tempéraient le luxe des femmes de bien, les courtisanes devaient s'abstenir, même chez elles, des objets spécifiés dans ces dernières ordonnances, tandis qu'elles n'avaient à obéir que, dans les lieux publics, à celles qui les concernaient spécialement. (*Las leyes de Recopilacion*, lib. VII, tit. xii, ley 1.) Une autre mesure, renouvelée de la loi romaine, leur défendait l'usage des coches, des carrosses et des litières, et les condamnait, pour la première fois, à quatre années d'exil à cinq lieues au moins de la ville où elles avaient été surprises. (*Ib.*, lib. VI, tit. xix, ley 9.) Une pragmatique de 1575 contenait encore des dispositions relatives au sujet qui nous occupe: elle leur interdisait l'usage des habits de religion, à l'aide desquels, dans ce pays dévot, elles cherchaient souvent, à ce qu'il paraît, à cacher leurs désordres; la loi prononçait contre les contrevenantes la confiscation, non-seulement des vêtements prohibés, mais de la première robe qu'ils couvraient. Les objets saisis devaient être vendus aux enchères publiques, et ne pouvaient être adjugés pour aucun prix à celle à laquelle ils avaient été enlevés. Un autre article leur défendait enfin de se servir, dans les églises, de carreaux, de coulisses et de tapis. (*Novisima Recopilacion*, lib. XII, tit. xxvi, ley 6.) Nous ne trouvons pas de preuves qu'aucune entrave ait été apportée, dans le royaume de Naples, à la liberté qu'avaient les femmes dissolues de choisir leurs parures ; toutefois, il nous semble probable que la législation de ce pays, si semblable à celle de la péninsule hispanique, contenait des règlements de la même nature. Nous voyons, d'ailleurs, une pragmatique de 1579, analogue à celle qui fut, un an plus tard, promulguée à Madrid touchant les chaises, les carrosses et les coches, elle contenait même des dispositions pénales plus sévères, car les contrevenantes étaient condamnées au fouet, outre une amende pécuniaire, et les cochers qui les conduisaient s'exposaient à trois ans de galères. Il ne leur était pas plus permis de monter dans une voiture dont elles fussent propriétaires, que dans un carrosse de louage, et même en 1610, cette mesure fut étendue aux femmes non inscrites : *ò sieno ingabellate, ò che non sieno scritte et annotate nella gabella.* (*Pragmaticæ, edicta*, etc., tit. lxxxvii, prag. iv et viii, art. 1.) D'autres mesures furent prises encore sur cette matière, mais elles sont postérieures à l'époque dont nous nous occupons.

Les législations, que nous avons très-rapidement

passées en revue, nous ont exclusivement fourni
jusqu'à présent, si nous exceptons quelques dispositions qui se rattachent au droit criminel, des
mesures qui n'ont d'autre caractère que celui de
règlements de police. Ces codes ou ces coutumes
frappent, en quelque sorte, le hideux métier plutôt
que la personne malheureuse qui l'exerce; obligés
de tolérer le mal, ils le surveillent, ils le circonscrivent, ils élèvent quelquefois la prétention de le
diriger; ils le relèguent dans des lieux obscurs et
flétris par eux, pour le soustraire aux yeux des
honnêtes gens; ils infligent des châtiments, le plus
souvent arbitraires, à cette population, corrompue,
besoigneuse, remuante, indisciplinée, que tous les
vices conduisent à tous les excès, et qui, en brisant
les freins de la morale, en méconnaissant la règle
intérieure et sacrée, a appris à lutter contre toutes
les lois de la société. Il ne semble pas qu'en France,
pendant le Moyen Age, les prescriptions de la loi
aient jamais dépassé ces limites, et soient sorties
du domaine de la simple police; il n'en est pas de
même pour le reste de l'Europe, et surtout pour
les États du Midi, de l'Espagne et de l'Italie. Le
droit romain avait laissé là des traces beaucoup
plus profondes, et n'y avait jamais, en réalité, disparu; le droit canonique y avait acquis une influence
beaucoup plus considérable; les lois et les statuts
locaux en gardèrent dans plus d'un cas l'empreinte;
mais ce sont surtout les jurisconsultes qui en pro-

pagèrent l'esprit. De leur combinaison naquit une jurisprudence pleine de détails, abondante, quelquefois bizarre, toujours subtile, contradictoire d'ailleurs, et laborieusement controversée par une nombreuse école de légistes, une jurisprudence qui, s'élevant au-dessus des mesures de sécurité en quelque façon municipale, constituait aux femmes de mauvaise vie un état civil et comme un droit particulier, et dans cette société fondée sur les priviléges, où les classes, multipliées et distinguées toutes par la diversité des lois qui les régissaient, étaient ordonnées dans le cadre d'une hiérarchie sévère, formait en quelque sorte, tout au bas de l'échelle, de cette vile population, une classe à part, dégradée par la loi autant que par la turpitude, et pour laquelle la liberté commune se trouvait amoindrie.

Le temps nous manque pour exposer, avec tous les développements dont nous croyons qu'elle serait digne, cette jurisprudence, qui s'étendait à la fois sur le domaine de la conscience et sur celui du droit civil ; bien des opinions, d'ailleurs, professées par les interprètes, ne franchirent pas sans doute le cercle étroit de la théorie, car la révolte obstinée des femmes vouées à la débauche fatiguait partout la main du magistrat ; nous nous contenterons donc ici d'indiquer très-sommairement les points principaux, sur lesquels portèrent, pendant quelques siècles, ces singulières controverses.

Il fallait avant de régler la situation de la fille publique, définir la fille publique elle-même, déterminer les caractères qui la distinguent, et les signes auxquels on la doit reconnaître. Une définition exacte et précise en cette matière, comme en toute chose de l'ordre moral, présente des difficultés que nous croyons insurmontables. L'absolu lui échappe, parce que des circonstances infinies modifient ou atténuent la gravité du fait que l'on veut renfermer dans une formule légale; voici néanmoins dans toute son étendue celle que nous donne le jurisconsulte par excellence, Ulpien (D., *l.* 43, *palàm*, lib. XXIII, tit. II, *De ritu nuptiarum*) :

« Une femme fait un commerce public de Prostitution, non-seulement quand elle se prostitue dans un lieu de débauche, mais encore lorsqu'elle fréquente les cabarets, ou d'autres endroits dans lesquels elle ne ménage pas son honneur. § 1. On entend, par un commerce public, le métier de ces femmes qui se prostituent à tous venants et sans choix (*sine delectu*). Ainsi, ce terme ne s'étend pas aux femmes mariées qui se rendent coupables d'adultère, ni aux filles qui se laissent séduire, on doit l'entendre des femmes prostituées. § 2. Une femme qui s'est abandonnée pour de l'argent à une ou deux personnes n'est point censée faire un commerce public de Prostitution. § 3. Octavenus pense, avec raison, que celle qui se prostitue publiquement, même sans prendre d'argent, doit être mise au nombre des femmes qui font commerce public de Prostitution. »

Cette définition, on le voit, est sage et circonspecte ; elle atteint, sans le dépasser, un raisonnable degré de précision, et laisse prudemment à l'appréciation du magistrat ce que la loi ne pouvait prétendre à régler.

Les légistes du Moyen Age ne savaient s'en tenir à ces termes un peu vagues, et ils subtilisèrent à perte de vue sur le passage d'Ulpien. Quelques-uns furent surtout frappés de la publicité du désordre, de la facilité de la femme. Se rangeant à l'avis d'Octavenus, ils considérèrent comme caractère essentiel et suffisant de la Prostitution le fait de céder publiquement aux sollicitations de plusieurs hommes, même sans en exiger de salaire. Saint Jérôme, le premier, interprétant le deuxième paragraphe du jurisconsulte romain (*Epist.* 128, *ad Fabiolam*), exigeait, pour que la Prostitution fût établie, le concours de *beaucoup* de libertins (*quæ multorum*). De *beaucoup*, disait saint Jérôme ; mais de *combien ?* répondaient les glossateurs, que l'à peu près ne pouvait pas satisfaire. Alors se produisirent les opinions les plus extravagantes ; chacun proposa un nombre qui lui parut répondre aux exigences du cas. L'un se contenta de quarante conquêtes ; un autre en demanda soixante ; un troisième, franchissant d'un bond toutes les limites de l'absurde, ne voulut consentir à admettre la Prostitution publique que chez les femmes dont vingt-trois mille personnes différentes avaient constaté la perversité. Hâtons-nous toutefois de le dire, ces bizarreries de casuistes n'étaient pas moins ridicules pour la plupart des jurisconsultes du Moyen Age, qu'elles ne le sont à nos propres yeux ; mais, quoi qu'il en soit, l'opinion la plus commune et la plus généralement acceptée fut celle, à ce qu'il semble, qui fit consister la Prostitution dans l'extrême facilité des mœurs. (PROSPERI FARINACII, *juriconsulti romani, praxis et theoricæ criminalis amplissimæ Partes*, Francfort, 1610, in-f°, part. V, n° 82-85, p. 525 ; FERDINANDUS DE MENDOZA, *De confirmatione concilii Eliberi*, in LABBE, t. I, col. 1264, litt. A et seq. ; ANGELI STEPHANI GARONI, *Commentaria in Tit. de meretricibus et lenonibus constit. Mediol.*, Mediolani, 1628, in-4°, pag. 2 ; *Prælud.* I, n° 8-11.)

D'autres juristes étaient particulièrement touchés par l'acceptation d'un salaire. C'était cette condition qui avait valu aux femmes folles le nom latin qu'elles portaient le plus communément (*meretrix, à merendo*) ; elle leur paraissait suffire à caractériser la Prostitution publique ; mais ce principe les conduisait à des conséquences également inacceptables et que le légiste romain avait eu la sagesse de repousser. Si par cela même qu'une femme recevait le prix de ses complaisances, elle devait être jetée dans la classe des malheureuses abandonnées au plus vil libertinage, il fallait en conclure, avec une rigueur excessive et que la raison ne saurait approuver, qu'une seule faiblesse ainsi payée imprimait à celle qui en était coupable la tache de la dernière infamie ; c'est ainsi qu'on semblait réagir contre les exagérations que nous venons de raconter. Quelques docteurs moins conséquents, et à peine plus raisonnables, pensaient que la femme devait avoir deux ou trois fois accepté ce triste salaire. Ce système, moins répandu toutefois que le premier, avait pour lui bon nombre de jurisconsultes, parmi lesquels il faut compter Lucas de Penna, Afflictus et Garoni lui-même, qui rapporte et pèse les avis. (*Ubi sup.*, pag. 3, *Prælud.* I, n° 12.)

C'est donc à deux signes distincts que l'écrivain romain reconnaît la femme de mauvaise vie, celle à laquelle on a le droit d'appliquer la note d'infamie et les lois sévères qui concernent la Prostitution. Ces deux signes sont pour lui : la publicité, le nombre de ceux auxquels elle s'abandonne ; la vénalité.

Les commentateurs, comme nous l'avons vu, se sont tour à tour prononcés pour l'un ou pour l'autre, selon les tendances de leur esprit, et ont donné naissance à des systèmes exclusifs. C'est à tort, il nous semble, et, selon nous, ils ne sauraient être séparés. Ils se complètent et ils se confirment ;

réunis, ils achèvent la preuve que chacun d'eux ne peut que commencer. Toutefois, s'il nous était permis d'avoir un avis après de si savants docteurs, et d'écrire à notre tour sur ce grave sujet quelques lignes de scolastique juridique, nous avouerions que nous n'adoptons ni l'un ni l'autre système, et que le signe véritable et dominant nous paraît résider dans une circonstance présentée par le jurisconsulte romain comme un accessoire, non indispensable toutefois, de la publicité. (*Confer supra*, § 2 et 3.) La véritable prostituée pour nous est celle qui, par contrainte ou de son plein gré, se livre sans choix (*sine delectu*), sans attrait, sans y être poussée enfin par aucune ardeur, quelque grossière qu'on la suppose; dès qu'il y a choix, et par ce mot, nous entendons, non pas la préférence qu'une certaine délicatesse excuse ou dont une certaine modération atténue l'immoralité, mais l'impulsion quelle qu'elle soit, que la sensualité provoque; s'il y a choix, disons-nous, il peut bien y avoir libertinage, débauche, scandale, perversité; il n'y a pas, il nous semble, Prostitution dans le véritable sens de ce mot. L'absence de choix, l'abandon sans attrait constitue donc, selon nous, nous le répétons, le caractère le plus général, le signe essentiel et comme universel de la Prostitution; il la domine tout entière, il convient également aux trois divisions que nous y avons établies au début de cette étude; il embrasse à la fois la

Prostitution sacrée, tantôt gratuite et tantôt vénale, qui n'était dans l'origine qu'un sacrifice religieusement offert dans un esprit de pureté (Félix Lajard, *Premier mémoire sur le culte de Vénus*), et très-probablement dans une forme qui pouvait bien blesser les idées que nous nous faisons de la pudeur, mais dont la chasteté n'avait pas à rougir; la Prostitution, qui livre à l'étranger la fille ou la femme de l'hôte chez la plupart des peuples barbares, depuis le plateau de la Tartarie jusqu'aux rives de la Laponie, depuis les contrées brûlantes de l'Afrique jusqu'aux forêts du continent américain; qui se rattache à la première, et qui, selon nous, a très-évidemment sa source plus ou moins visible dans un sentiment, dans une tradition religieuse pervertie et transformée. Il s'applique enfin à la Prostitution légale, à celle du troisième genre, mais il n'en est plus le signe unique; la vénalité le complète et prend le second rang parmi les preuves qui établissent l'habitude de cette vie honteuse; la considération tirée du nombre de ceux qui prennent leur part de ces grossiers plaisirs confirme ces preuves, mais, nous l'avons dit, ne les supplée pas.

Lorsque les magistrats ne pouvaient pas constater directement ces caractères déterminants et qui mettaient le fait hors de doute, la jurisprudence les autorisait à accueillir des présomptions ou des indices suffisants; elle était même de bonne composition, et sous prétexte que la constatation légale de la vie débauchée présentait des difficultés nombreuses, elle se contentait de preuves imparfaites. Elle admettait pour y arriver la déposition des témoins et même de celui qui, complice de la honte, semblait avoir perdu seul le droit de la publier. La femme qui choisissait la nuit pour se livrer au désordre; celle qui, errante et vagabonde, sans compagnon pour la protéger, entrait de maison en maison; celle qui servait les convives dans une auberge ou dans une hôtellerie (la loi romaine avait déjà prévu le cas), pouvaient être placées au nombre des femmes publiques. Les juristes tenaient aussi en suspicion légitime la femme qui recevait chez elle des jeunes gens et celle surtout qui de jour et de nuit fréquentait les maisons des écoliers, « car il est probable, disait l'un d'eux, qu'elle n'y vient pas précisément pour dire le *Pater noster* » (*ut dicat Pater noster*). Les écoliers reviennent souvent dans toutes ces controverses; l'auteur que nous suivons, par exemple, a observé que le propriétaire, quand il n'habite pas dans le voisinage, ne peut pas provoquer l'expulsion des visiteuses reçues par un écolier auquel il a loué sa maison, et il ajoute : « Ce propriétaire devait prévoir que les étudiants sont libertins, et que, par nature (*naturâ suâ*), ils recherchent les femmes. » (Garonus, *ubi sup.*, pag. 4, prælud. I, n° 14; p. 31, *ad art.* 15, n° 7.)

Ce salaire, qui était un des signes caractéristiques et comme le stigmate de la femme publique, y avait-elle au moins des droits reconnus par la loi? Sur ce point, le droit romain, accepté par la jurisprudence unanime du Moyen Age, est formel, et il n'hésite point à se prononcer pour l'affirmative (D. *l.* 4, § 3, *sed quod meretrici*, lib. XII, tit. v, *De condictione ob turpem vel injustam causam*); la raison qu'il en donne, car il faut donner une raison de tout, est subtile et repose sur une distinction bizarre. En effet, dit Ulpien, « si c'est un métier honteux que celui de courtisane, ce n'est pas une action honteuse d'accepter le salaire que l'on tire de ce métier. » L'acte est infâme, mais l'infamie s'arrête dans l'acte même, elle ne s'étend pas à la rétribution en vue de laquelle il est commis. La loi espagnole (*Las Siete partidas*, part. IV, tit. xiv, *l.* 53), adoptée par les commentateurs, était plus favorable encore, et elle interdisait, à celui qui d'avance avait payé le plaisir, de réclamer la somme qu'il avait donnée, si la femme refusait de tenir sa promesse; cette disposition était, dans la pensée du législateur, la conséquence du principe qui précède; en effet, disait-il avec le jurisconsulte romain, dans ce marché qui a pour objet d'un côté un salaire légitime et de l'autre une action coupable, il n'y a de turpitude que de la part de celui qui donne (*turpitudo versatur solius dantis; la torpedad vino de la seu parte tam solamente*). Les assises de Jérusalem avaient prononcé dans le même sens que le code d'Alphonse IX (*Assises de la cour des bourgeois*, Paris, 1843, in-f°, chap. ccxx, t. II, p. 151.) Quelques glossateurs toutefois prétendaient que, dans ce cas, la femme, toujours autorisée à refuser l'exécution de l'engagement pris par elle, était tenue au moins à la restitution de la somme qu'elle avait reçue. (GARONUS, *ubi sup.*, pag. 8, *prælud.* III, n° 3.) Mais une autre question s'élevait : Si la justice humaine assurait à la femme perdue le salaire qu'elle avait si misérablement gagné, cette femme devait-elle trouver la même indulgence devant le tribunal de sa conscience (*in foro conscientiæ*)? Ce point paraissait plus difficile ; il avait soulevé parmi les théologiens de longues et vigoureuses disputes (*valdè exagitatus*), l'un d'eux même avait recueilli toutes les pièces du procès, et l'on était généralement d'avis qu'il y avait beaucoup de bonnes raisons à faire valoir dans l'un et l'autre sens ; Garoni toutefois essaye de terminer le litige par cette observation : « Il y a, dit-il, une raison qui me paraît décisive, c'est qu'une femme a le droit de vendre l'usage de sa propre personne et, par conséquent, d'en recevoir le prix ; on ne voit donc aucun motif qui l'oblige à restitution. » (*Id.*, *ubi sup.*, pag. 28, *ad art.* 14, n° 6.) Voilà qui nous fait bien l'effet d'un cercle vicieux ! N'oublions pas d'ailleurs qu'il s'agit d'un cas de conscience.

Enfin, la femme trop confiante, celle qui avait attendu le moment où la honte avare survit seule au désir prodigue, pouvait-elle réclamer devant la justice l'exécution d'un contrat aux clauses duquel elle s'était soumise pour sa part? Les docteurs sur ce point ne purent encore se mettre d'accord, et une liste imposante d'autorités respectables se présente dans chacun des deux camps (*Id.*, *ibid.*, pag. 27, *ad. art.* 14, n° 3.)

Les législateurs et les jurisconsultes avaient également déterminé ou discuté l'usage que les femmes de péché pouvaient faire de leurs profits. Alphonse le Sage (*Las Siete partidas*, part. I, tit. ix, *l.* 10), s'appuyant sur les paroles du prophète Isaïe, défendait aux prêtres de recevoir les offrandes qui venaient d'une telle source; Baldus et André, en son traité de la dîme royale (quæst. 10, n° 4), en concluent que l'Église ne doit pas demander la dîme aux filles publiques; mais cette décision, empruntée à la législation juive et qui supposait que leur profit en tant que salaire était honteux, semblait contradictoire au principe que nous venons d'exposer; aussi, quelques auteurs la repoussaient. (Garonus, *ubi sup.*, n° 8 et 9.)

Une autre loi du code espagnol permettait d'employer en aumônes le produit de la Prostitution. (*Las Siete partidas*, part. I, tit. xxiii, *l.* 10.) L'opinion commune autorisait aussi celles qui l'avaient recueilli à le transmettre par testament. (Garonus, *ubi sup.*, n° 7.) Nous avons vu plus haut que plusieurs papes essayèrent de restreindre ce droit.

Si elles pouvaient tester et léguer leurs biens, pouvaient-elles également en recevoir, comme légataires ou comme héritières? Cette faculté ne leur était pas accordée sans contrôle et sans limite. Il semble résulter d'un passage de Bellini, qu'on appliquait dans le duché de Savoie la loi romaine qui déclarait nuls et confisqués, pour le compte du trésor public, les legs faits à des femmes de mauvaise vie par des militaires au service ou qui ne l'avaient quitté que depuis moins d'un an. (PETRI BELLINI ALBENSIS, *De re militari,* part. VII, tit. III, n° 2). Les *Siete partidas* (part. VI, tit. VII, *l.* 12) ne permettaient pas qu'elles fussent, ainsi que toutes personnes réputées infâmes, instituées légataires au préjudice de parents en ligne directe ou collatérale du testateur; Garoni toutefois cite un grand nombre d'autorités qui n'admettent au profit de cette exclusion que le frère du mort; et encore y a-t-il exception lorsque le testateur est parent de la légataire ou lorsque la légataire elle-même est mariée. (*Ubi sup.,* pag. 7, *Prælud.* II, n° 12; p. 16, *ad art.* 1, n° 19.) La mère pouvait déshériter sa fille, pour la punir de sa mauvaise conduite; toutefois, elle perdait ce droit, si elle était complice de ses déportements et si elle menait une vie également dissolue; elle le recouvrait, lorsque le repentir l'avait ramenée à des mœurs plus régulières. (*Las Siete partidas*, part. VI, tit. VII, *l.* 5, gl. 7.) Le père, on le comprend, avait la même puissance, limitée cependant par une étrange disposition, où le législateur laisse percer d'une façon bien naïve l'indulgence qu'obtenait, sous ces climats ardents, une faute dont trop facilement on croyait voir la cause dans une irrésistible impulsion de la nature. Ainsi parle la loi (*ubi sup.*, *l.* 5) : « Et en outre, quand le père a cherché à marier sa fille et lui a fourni une dot proportionnée à la fortune qu'il possède, et aussi considérable que la peuvent raisonnablement demander et elle et celui à qui il désire la marier ; si cette fille, résistant à la volonté de son père, a déclaré qu'elle ne voulait pas se marier, et, depuis ce temps, a mené dans une maison de débauche la conduite d'une femme de mauvaise vie, le père, pour un tel motif, pourra la déshériter. Toutefois, si le père a retardé l'établissement de sa fille jusqu'à ce qu'elle ait passé l'âge de vingt-cinq ans, et si depuis ce temps elle a commis le péché et s'est montrée ennemie de son corps, il ne pourra la déshériter pour une semblable raison ; car il semble que c'est lui qui est coupable du péché qu'elle a commis, parce qu'il a tant tardé à la marier. » Singulière excuse d'un libertinage sans frein et du plus profond abaissement ! Si la fille s'amendait et rentrait dans le devoir avant la mort de son père, celui-ci avait bien encore le droit de la déshériter, mais il était obligé de lui fournir une dot. (*Ibid.*, *ad gloss.*, n° 7.) La Coutume du duché d'Aoste renfermait une disposition analogue, qui, cependant moins contraire à toute délicatesse et mieux acceptée par la raison, rendait le droit d'exhérédation absolu dans le cas qui nous occupe : « Quand une fille, disait cette Coutume, subornée par quelqu'un ou autrement, d'elle-même se mariera ou vivra en lubricité, son père ne sera tenu lui bailler dot, sinon que la fille eust plus de dix-neuf ans complets, et que toutes occasions de la marier se présentans au père, ayant de quoy le faire aysément, n'y a rendu tel office qu'il devoit; car alors la fille ne faict point de tort à son père de se marier sans luy, en prenant personnage digne d'elle et de sa maison, et audit cas devra payer dot à sa fille; mais si ledit mary est indigne, n'y sera tenu aucunement. (Liv. v, tit. viii, art. xxvii.)

L'Église, nous l'avons vu plus haut, encouragea tout particulièrement le mariage des filles débauchées; ceux qui les prenaient pour femmes faisaient à ses yeux une œuvre pieuse et méritoire, et ils obtenaient en récompense la rémission de tous leurs péchés. (PARIS DE PUTEO, *De syndicatu omnium officialium et de Ludo*; ver. *an si judex*, n° 3, etc.) Le droit coutumier avait adopté sans restriction ce principe, surtout en France, à ce qu'il paraît, et plusieurs auteurs s'accordent à affirmer que, à une époque reculée, une femme publique pouvait dans ce pays sauver la vie d'un condamné à mort et lui rendre la liberté en consentant à l'épouser; cet usage était bientôt tombé en désuétude; toutefois, une anecdote, qui nous a été conservée par Farinacius, nous prouve qu'il s'était introduit en Espagne. Dans une ville que l'auteur ne nomme pas, un beau jeune homme était conduit à la potence, monté sur une ânesse et escorté par le bourreau. Une courtisane, déjà sur le retour (*vetulam*), se trouve sur son passage, et frappée de sa beauté, lui offre la vie s'il veut devenir son époux. Le jeune homme refuse. La tentation n'était-elle pas assez forte, et pensait-il que le bien inattendu qu'on lui offrait ne valait pas la peine de vivre ; ou un reste de délicatesse se réveillait-il en lui à l'idée d'une union si honteuse ? L'histoire n'éclaircit pas ce point important. Quoi qu'il en soit, la femme insiste, elle supplie, vainement. « Pousse l'ânesse, dit pour toute réponse le condamné au bourreau, et arrivons ! » La chose fut à temps racontée au roi, et celui-ci, touché d'un tel courage, fit grâce au fier jeune homme. (*Fragment. criminal.*, p. I, V° *Condemnatus*, n° 641.) On voit que, si le sentiment religieux favorisait des mariages de ce genre, l'opinion publique cependant ne laissait pas de les flétrir.

Les jurisconsultes s'appliquèrent à les restreindre, en même temps que les législations qui s'inspiraient du droit ancien. Ils y apportèrent des obstacles, ils en diminuèrent les avantages, ils leur refusèrent quelques-uns des priviléges du droit commun, « afin, dit expressément l'un d'eux, que, par un refus si ignominieux, ces unions fussent rendues plus rares. » (P. Gregor., *de Republic.*, lib. xiv, cap. i, n° 6.) La perversité des mœurs sans doute avait déjoué les intentions pures de l'Église; celle-ci avait espéré ramener à une vie honnête des créatures avilies par l'isolement et par la misère aussi souvent que par le vice, et l'on ne voyait dans son indulgence qu'un moyen de céder plus facilement aux entraînements du libertinage ou de réaliser d'odieuses spéculations. Les docteurs professèrent que le mariage était prohibé entre les filles débauchées et les hommes auxquels il était interdit d'épouser des femmes réputées indignes. La loi espagnole alla plus loin. Ce code, par une imitation singulière du droit romain et qui paraît un peu excessive chez un peuple catholique, admettait l'existence du concubinage, sorte de mariage imparfait, destitué de ses effets civils (on en trouve d'autres exemples dans les législations de ce temps, notamment en Portugal et en Italie); mais il défendait aux hommes nobles et de haut lignage de prendre pour concubines (*barraganas*) une esclave, une femme affranchie, une jongleresse, une servante d'auberge, une marchande publique, une entremetteuse, toute autre femme de condition légalement réputée vile, ou même les filles de ces personnes justement suspectes. (*Las Siete partidas*, part. iv, tit. xiv, l. 3.) C'était une question controversée que celle de savoir si le mariage légitimait, comme ceux des autres femmes, les enfants des femmes perdues, nés antérieurement à la célébration, mais Menochius affirme que la légitimation par rescript leur était plus difficilement accordée. (GARONUS, *ubi sup.*, p. 16, *ad art.* I, n° 20.) Lorsqu'elles manquaient aux devoirs de cette union qui devait être le gage de leur repentir, elles subissaient la peine de l'adultère, bien que leur complice demeurât impuni. (*Id.*, pag. 6, *Prælud.* II, n° 2 et seq.) Cette impunité toutefois donnait lieu à plus d'une exception et à des distinctions nombreuses; nous en avons déjà parlé plus haut.

Les filles publiques étaient *de droit* notées d'infamie, c'est-à-dire sans que la justice eût besoin d'intervenir. Quelques auteurs même, adoptant les sévérités de la loi romaine, ne croyaient pas que cette souillure fût effacée par leur repentir et par leur retour à une vie meilleure, parce que, disaient-ils avec Ulpien (D., l. 43, *palàm*, § 4, tit. *De ritu nuptiarum*), l'interruption n'abolit pas la turpitude. Leur témoignage n'était pas reçu en justice, en matière criminelle, même lorsqu'elles portaient contre quelqu'un l'accusation de violence. (D. JOCUS DAMHOUDERIUS, *Praxis rerum criminalium*, fol. 38, cap. L, n° 26; fol. 106, cap. XCV, n° 10.) Il y avait cependant des juristes qui prétendaient qu'elles pouvaient être entendues, lorsqu'il s'agissait d'un crime commis dans le lieu de débauche lui-même, et qui ne pouvait être établi que par leur déposition. (GARONUS, *ubi sup.*, p. 15, *ad artic. I*, n° 13.)

Le droit de témoigner leur était enlevé également en France, puisque nous voyons, par l'ordonnance de saint Louis de 1256, qu'il était refusé même à ceux qui les fréquentaient. On avait le droit de les interdire, comme les insensés et les prodigues, si l'on en croit les commentateurs ; on leur donnait un tuteur, on leur nommait un avocat d'office. (Garonus, *ubi sup.*, p. 15, *ad art. I*, n° 17 et 18.) Enfin, un docteur prend soin de nous dire qu'il ne leur était pas permis de se prévaloir du privilége des écoliers (toujours les écoliers!), même lorsqu'elles vivaient avec eux. (Horat. Luc., *De privileg. scholar.*, n° 3.) Si toutefois elles étaient exposées à l'interdiction légale, nous ne croyons pas que cette peine fût souvent prononcée contre elles, et c'était là peut-être une opinion théorique qui n'était pas mise en pratique par les tribunaux. Nous voyons, en effet, qu'elles étaient admises à l'exercice d'une tutelle, puisque dans certains cas elles étaient contraignables par corps à rendre compte de leur administration. (Cacialup., *De debito suspect.*, *quæst.* v, n° 25.) On pouvait encore les emprisonner pour dettes, à moins qu'elles ne fussent mariées, et cette exception était stipulée dans l'intérêt exclusif de l'époux, car elle cessait d'avoir lieu lorsque celui-ci était complice des désordres de sa femme : « Un homme couvert de tant d'ignominie, dit Farinacius, n'est digne d'aucun respect » (*quæst.* xxvii, n° 58).

Il y avait un principe sur lequel tout le monde était d'accord ; les coutumes se prononçaient unanimement comme le droit écrit, et nous avons vu plus haut de nombreux exemples de son application, car il se rattache à la police des femmes de mauvaise vie. C'est celui en vertu duquel l'autorité pouvait toujours reléguer ces femmes dans un quartier déterminé de la ville, et les chasser, d'office ou sur les plaintes des intéressés, du voisinage des honnêtes gens. Quelquefois même, la loi permettait de les conduire de force dans les rues ou dans l'établissement consacrés à la débauche. Cette jurisprudence était jugée indispensable ; il ne fallait pas, disait-on, qu'une brebis galeuse pût gâter tout le troupeau. (GASPARUS ANTONIUS THESAURUS, *Quæstionum forensium liber primus*. Mediolani, 1607, *quæst.* XXXIII, n° 1.)

Mais trouvait-elle son application, lorsque la maison appartenait à la femme même qu'il s'agissait d'expulser? Quelques coutumes avaient tranché la question, et parmi elles nous avons vu qu'il fallait placer les Constitutions du Milanais. Lorsque la loi laissait ce point indécis, les juristes étaient partagés. Le sénat de Turin avait plusieurs fois changé d'avis à cet égard (GARONUS, *ubi sup.*, p. 31, *ad art.* 15, n° 11), et il s'était enfin, sur le rapport de Thesaurus lui-même, décidé pour l'affirmative, dans une séance d'octobre 1694. La femme accusée avait été obligée de vendre sa maison. (THESAURUS, *ubi sup.*, n° 2.) Il fallait cependant pour autoriser une pareille mesure que le scandale provoqué par la conduite de l'accusée fût public et incontestable. Le droit du royaume de Catalogne avait jugé dans le même sens. (GARONUS, *ubi sup.*)

Nouvelle difficulté cependant. Si la femme déférée à la justice était mariée, comment le juge devait-il prononcer? Il ne pouvait ni ordonner l'expulsion, ni faire conduire la coupable dans le quartier honteux, à moins pourtant que le mari de la femme ne connût son inconduite et ne la souffrît. (GARONUS, *ubi sup.*, p. 6, *Prælud.* II, n° 7 et 8.) C'est ainsi que jugea le sénat de Milan, après une longue discussion, le 11 décembre 1577. L'espèce qui lui était soumise présentait à la fois les deux circonstances que nous venons d'indiquer : Barbara Rozona était propriétaire de la maison qu'elle habitait dans un quartier honorable de la ville ; elle exerçait, sous les yeux et du consentement de son mari, son odieux métier. Un ordre du sénat enjoignit au chef de la justice de faire vider les lieux à ce couple misérable. (HOR. CARPANUS, *Statut. mediolan.*, t. II, p. 279, cap. 472, n° 49.)

Le sénat de Turin décida encore que la femme débauchée devait être expulsée, lors même qu'elle vivait avec sa mère ou son aïeule, et que celles-ci ne menaient pas le même genre de vie ; et si les parents ne voulaient pas se séparer de cette fille justement frappée par la loi, ils étaient contraints de vendre leur maison ou de la donner à loyer. (THESAURUS, *ubi sup.*, n° 5.)

La loi autorisait-elle encore une telle rigueur, lorsque la coupable avait repris une conduite honnête et décente? Nous ne devrions pas avoir à poser une telle question, et le droit inspiré par Celui qui ramenait si tendrement au bercail la brebis égarée n'hésiterait pas à y répondre. Elle était toutefois débattue parmi les commentateurs. (GARONUS, *ubi sup.*, p. 31, *ad art.* 15, n° 9.)

Nous voudrions avoir réussi à donner une idée, quoique incomplète, de la part que le droit civil avait prise à la lutte entreprise contre l'envahissement des mauvaises mœurs, et des discussions qui s'élevaient parmi les légistes du Moyen Age sur le sujet qui nous occupe. Nous espérons que l'attention dont il fut l'objet de la part de si graves personnages nous excusera de l'avoir étudié.

Si les législateurs et les magistrats étaient obligés de tolérer dans les villes le scandale de la Prostitution, cette tolérance était peut-être plus indispensable encore au sein des armées, composées, dans ce temps, de bandes indisciplinées, d'hommes indomptables et violents que le besoin d'agitation, de désordre et de pillage poussait seul au métier des armes. On en trouve, d'ailleurs, de nombreux exemples dans l'antiquité. On ne doit pas s'étonner de rencontrer cette coutume chez les peuples barbares, chez les nations de la Perse, de l'Asie-Mineure et de l'Inde, qui se faisaient accompagner dans leurs expéditions guerrières par leurs femmes et par leurs enfants, combattant avec plus de courage, dit Maxime de Tyr, lorsqu'ils avaient à défendre ces chers objets de leur affection. (XENOPHON, CYROP., lib. IV. — DIODOR., lib. XVII. — MAXIMUS TYR., sermo XIV. — BRISSONIUS, *de regio Persarum principatu III*, XLIII, p. 694.) Athénée nous raconte (lib. XII, cap. VIII) que le général athénien Charéas faisait marcher, devant son armée, des filles publiques, des joueuses de flûte et du psalterium. Valère Maxime nous apprend que Scipion l'Africain fit chasser de son camp deux mille courtisanes; des lois sévères, en effet, interdisaient, au grand regret de Properce, ce genre de désordre dans les légions romaines. Les troupes, pendant tout le cours du Moyen Age, traînaient à leur suite une escorte nombreuse de filles débauchées. Nous trouvons la première mention de ces mœurs licencieuses de la soldatesque, dans un écrivain arabe. C'est au temps du siége de Saint-Jean-d'Acre, en l'année 1189, que ce fait se rapporte. « Trois cents jolies femmes franques, dit l'historien, ramassées dans les îles (les pays d'Occident), arrivèrent dans un vaisseau pour le soulagement des soldats francs, auxquels elles se dévouèrent entièrement; car les soldats francs ne vont point au combat, s'ils sont meluks et d'ignorants suivirent cet exemple. » (HAMMER, *Mines de l'Orient*, III, 218.) Cette dernière phrase donne le droit de supposer, avec M. Reinaud (*Bibl. des Croisades*, 4e part., p. 258), que le même dérèglement n'était pas toléré dans les armées musulmanes. Quelques années plus tard, après la prise de Damiette, Joinville nous apprend que le désordre, les excès de tous genres et une licence effrénée s'introduisirent parmi les soldats de saint Louis. Le *bon roy* se plaignait que les officiers de sa maison établissent des maisons de débauche « jusques à ung gect de pierre près et à l'entour de son paveillon, » et il fut obligé d'en chasser un grand nombre. Il fit même, à Césarée, une sévère justice d'un chevalier trouvé dans un de ces mauvais lieux. C'est encore à Joinville que nous empruntons cette anecdote; on laissa le choix au coupable, nous dit-il : « ou que la ribaulde avec laquelle il avait esté trouvé le meneroit parmy l'ost en sa chemise, avec une corde liée... laquelle corde la ribaulde tiendroit d'un bout ; ou s'il ne vouloit telle chose souffrir, qu'il perdroit son cheval, ses armures et harnois, et qu'il seroit déchassé et fourbany de l'ost du roy; le chevalier esleut qu'il ayma mieux perdre son cheval et armeures et s'en partir de l'ost. » (JOINVILLE, édit. DUCANGE, 32, 95.) En 1325, le général Castruccio Castracani, après avoir défait les Florentins et s'être emparé du château de Serrevalle, s'arrêta dans la plaine de Perretola, à deux milles de Pise, pour célébrer par des jeux sa victoire. Parmi ces jeux, nous trouvons une course au *pallio* (on appelait ainsi une pièce d'étoffe riche d'or ou d'argent, qui était le prix du vainqueur), exécutée par des filles publiques. (MACHIAVEL, *Vie de Castruccio*, trad. de Dreux du Radier, Paris, 1753, in-8°, p. 43.) Ce n'est pas, d'ailleurs, le seul exemple que nous puissions citer de courses de ce genre. Retif de la Bretonne (*Pornographe*, 349) raconte qu'il s'en faisait une chaque année à Beaucaire, à la foire de la Madeleine, où les femmes de mauvaise vie accouraient en foule de toutes les villes du Midi, de Toulon, de Marseille, de Lyon, d'Aix, d'Arles, d'Avignon, etc. (*Lettre d'un particulier de Beaucaire au sujet de la Foire*, Avig., 1771, in-8°, p. 61.) Le prix était un paquet d'aiguillettes, d'où l'expression proverbiale de courir l'aiguillette était synonyme de mener une vie déréglée (*Pornographe, ubi sup.*). Nous lisons dans la Chronique de Modène, qu'un certain capitaine allemand, nommé Garnier, envahit et ravagea du 23 janvier au 12 avril 1342, à la tête de 3,500 lances, les districts de Modène, de Reggio et de Mantoue, étendant partout sur son passage la désolation, le pillage et le meurtre. L'historien ajoute que cette petite troupe de bandits était accompagnée de mille filles publiques et ribauds (*mille meretrices, ragazii et rubaldi*). (MURATORI, XV, *Chronicon Mutinense, auctore* JOH. DE BAZANO, col.

600.) Longtemps après, la chaste et sublime Jeanne d'Arc, en passant avec Charles VII la revue des troupes à Sancerre, rencontra des femmes de la même espèce, au milieu de leurs rangs, où elles produisaient la confusion et le désordre, et l'héroïne brisa son épée sur les épaules de quelques-unes. (LEBAS, *Encyclopédie de la France*, V° *Prostitution*.) Le maréchal Strozzi poussa à l'égard de ces malheureuses, au rapport de Varillas, cité par Bayle, la sévérité jusqu'à une odieuse cruauté, et en fit jeter huit cents dans la Loire (BAYLE, V° *Strozzi*; VARILLAS, *Histoire de Henri III*, liv. VI, t. II, p. 142); c'était, comme on voit, d'une vertu un peu farouche. En 1476, les Suisses, vainqueurs de Charles le Téméraire à Granson, trouvèrent dans son camp « grandes bandes de vallets, marchands et filles de joyeux amour..... Après la défaite, les messieurs des Ligues ramassèrent chacun son saoul piques, couleuvrines, armures, préciosetés, et pour ce qui regarde les deux mille courtisanes, joyeuses donzelles, délibérant que telles marchandises ne bailleroient pas grand profit aux leurs, si les laissèrent courir à travers champs. » (LEBAS, *Encyclopédie de la France, ubi sup.*) Sans doute cette justice était préférable à celle de Strozzi; toutefois, ces braves Suisses n'étaient pas toujours aussi difficiles, car, en temps de paix, les cantons catholiques entretenaient dans les villages un certain nombre de filles de joie, afin qu'elles pussent en temps de guerre suivre les compagnies, qui allaient combattre. (*Recueil d'édits et d'ordonnances royaux*, par Néron et Girard, Paris, 1720, in-f°; ordonnance de Blois, note de Guy Coquille à l'art. 311, t. i, p. 640.) Enfin lorsque le duc d'Albe entreprit la guerre en Flandre contre les Gueux, il se mit à la tête « d'une petite et gentille trouppe » qui ne dépassait pas « dix mille hommes de pied, tous vieux et aguerris soldatz ; Brantôme les admire, et il a soin de nous apprendre qu'on rencontrait, au milieu des bagages, « quatre cents courtisanes à cheval, belles et braves comme princesses, et huict cents à pied bien en point aussi. » (Édit. Montmerqué, i, pag. 57, 62.) On voit combien elles étaient nombreuses, comparées à l'importance de ce corps d'armée. Un poëte, si l'on peut appeler poëte l'honnête Lamotte Messémé, nous décrit les égards dont elles étaient l'objet :

Il les entretenoit, qui vouloit, tout le jour ;
Mais avec un respect plein de cérémonie,
Le Barisel major leur tenoit compagnie.
Or, ces dames avoient tous les soirs leur quartier
Du maréchal de camp, par les mains du fourrier,
Et n'eût-on pas osé leur faire une insolence.

Il paraît que *ces dames* prirent trop au sérieux tant de politesse, et s'imaginèrent de faire les difficiles. Il fallut que le duc intervînt et leur donnât publiquement l'ordre :

> Qu'entre elles ne fust pas une qui osast
> Refuser désormais soldat qui la priast
> De lui payer sa chambre, à cinq sols par nuictée.

La mesure leur déplut à merveille, « et le nombre en diminua beaucoup; » non sans que leur départ causât quelques regrets. (*Les sept Livres des honnêtes loisirs...* 1587, in-12). En 1579, Henri III, dans l'article 311 de l'ordonnance de Blois, interdit désormais la présence des filles publiques dans ses armées, et les chasse, sous peine du fouet. (Isambert, *Lois françaises*, t. XIV, p. 448.)

Dans un temps où la société était organisée pour la guerre, les palais des rois, les demeures des grands étaient des camps ou des forteresses, et nous ne devons pas nous étonner d'y voir régner les désordres que nous avons trouvés au milieu de la soldatesque. La prostitution s'étalait, autorisée et disciplinée, à la cour de France comme dans les armées, et, depuis le onzième siècle jusqu'au règne de François Ier, nous pouvons constater l'existence d'une communauté de filles publiques attachées à la demeure de nos rois. Déjà, du temps de Louis VII, et à propos du premier règlement porté sur le costume de ces femmes, nous avons vu la reine de France donner le baiser de paix à une fille de joie royale (*meretricem regiam*). Il est probable qu'il faudrait remonter plus loin encore, afin de trouver l'origine de cet usage si étrange pour nous. Sans doute, on se rappelle que Charlemagne, dans le capitulaire de l'an 800, que nous avons cité, avait ordonné de rechercher avec soin les filles publiques cachées dans son palais, et de les en chasser; il est permis de croire qu'il s'agissait de ces prostituées royales, contre lesquelles l'honnête empereur voulait sévir. D'ailleurs, les rois de la première race avaient trouvé, organisés dans la Gaule, des ateliers de femmes ou gynécées, dont ils maintinrent l'existence dans leurs fiefs et dans leurs demeures; les grands en établirent également autour d'eux. (DUCANGE, V° *Gynœceum.*) Dans de tels temps, et avec de tels hommes, ces établissements durent dégénérer bientôt, et les passions violentes de la société barbare ne tardèrent pas de les corrompre. Selon la moralité ou la perversité de leurs maîtres, ces gynécées avaient sans doute, au milieu de la confusion générale, suivi des destinées différentes : retraites du recueillement ou asiles de la débauche. Au concile de Nantes, en 660, les prélats se plaignaient que des femmes de seigneurs fréquentassent les assemblées publiques, au lieu de rester enfermées dans leurs gynécées, mais il semble certain que ces ateliers, au neuvième siècle, étaient devenus souvent des lieux de Prostitution. La loi des Allemands, prévoyant un délit que sans doute on avait fréquemment l'occasion de punir, imposait une amende de six sols à l'homme qui usait de violence envers une fille du principal gynécée (*genecio priore*, peut être le gynécée royal); l'amende était moitié moindre pour la femme d'un autre gynécée (*alio genecio*). L'empereur Lothaire défendit aussi que l'on conduisît désormais dans un gynécée, comme c'était la coutume, la religieuse surprise en adultère, dans la crainte, dit-il, qu'elle n'eût, en ce lieu même, trop d'occasions de renouveler la faute qui l'avait fait punir. Tantôt, sans doute, ces réunions de femmes étaient simplement le harem du maître, exclusivement consacré à ses plaisirs; tantôt, ces femmes devenaient l'objet d'une odieuse exploitation, comme nous l'apprend Reginon, et le propriétaire de jeunes serves faisait marché de leur libertinage. (Ducange, *ibid.* — Guérard, *Introduction au Polyptyque* de l'abbé Irminon, § 336, 337, 338, pag. 617 et seq.) Nous trouvons, il nous semble, un exemple de la première forme du gynécée, dans le récit du moine Guillaume de Malmesbury. S'il faut l'en croire, Guillaume IX, comte de Poitou, vers la fin du onzième siècle ou le commencement du suivant, *comme s'il n'eût pas cru à la Providence*, avait établi un petit monastère, une sorte d'abbaye de courtisanes, auxquelles il donnait tour à tour, pour aiguiser sa débauche par l'assaisonnement piquant du sacrilége, les noms d'*abbesse* ou de *prieure*, et auxquelles même il faisait parodier les rites sacrés. Cela se passait dans son château de Saint-Yvor en Auvergne (*quoddam castellum Yvor*), et non pas à Niort, comme beaucoup d'écrivains l'ont répété. (WILLELMI *Monachi Malmesbury, de gestis regum anglorum*, lib. V, pag. 170, apud HENRICUM SAVILE, *Rer. angl. Script.*, 1601.) Les fileries, interdites aussi en 1462 et en 1495, comme une cause perpétuelle de scandale, par les évêques de Tréguier, rappellent encore, si nous ne nous trompons, les gynécées du neuvième siècle. (Dom MORICE, *Mém. pour servir de preuves à l'Hist. de Bretagne*, II, col. 1533, III, col. 775.)

Au gouvernement des filles de joie que nous venons de voir à la cour de nos rois, était préposé un magistrat dont nous avons encore à parler. On l'appelait le *Roi des Ribauds*, suivant une coutume assez fréquente de ce temps où l'on donnait volontiers le titre de *rois* aux chefs de diverses corporations. Les ribauds étaient primitivement, à ce qu'il paraît, des soldats de choix, hommes forts et braves, qui combattaient les premiers et donnaient les plus beaux coups; ils n'étaient pas probablement aussi fameux par leur chasteté que par leur bravoure, et leur nom ne rappela plus bientôt que la débauche et la licence. Leur corps fut dissous et un seul d'entre eux conserva ce nom et des fonctions à la cour. Le Roi des Ribauds fait pour la première fois son apparition, dans l'histoire, à la bataille de Bouvines, pour recevoir, à titre de prisonnier, un certain Roger de Waffalia, et Bouteiller en parle, en 1459, comme d'un officier qui existait encore de son temps. Nous connaissons douze ou treize de ceux qui, durant cette période de trois siècles et demi, exercèrent cette bizarre royauté. La cour du roi de France n'était pas la seule qui eût le privilége de posséder un officier de ce nom. On trouve encore des Rois des Ribauds dans les maisons des ducs de Normandie et de Bourgogne; on a la preuve qu'il en existait quelquefois auprès des parlements; la ville de Bordeaux et celle de Metz avaient leur Roi des Ribauds, qui exécutait la justice criminelle. Un certain Jacob de Godunasme était, en 1463, « roi des filles amoureuses de la ville de Saint-Amand. » (DUCANGE, v° *Rex scortorum.* — *Coutume manuscrite de la ville de Metz.*) Le bourreau de Toulouse portait le titre de Roi des Ribauds. (LEBAS, *Encyclop. de la France*, v° *Roi des Ribauds.*) Celui de Cambrai avait de singuliers priviléges que la coutume de cette ville nous fait connaître. « Ledit roi, dit-elle, doit avoir, prendre et recepvoir, sur chacune femme qui s'accompaigne de homme carnelement, en wagnant son argent, pour tout tant qu'elle ait terme ou tiengne maison a lowage en la cité, cinq sols parisis pour une fois.

« Item sur toutes femmes qui viennent en la cité, qui sont de l'ordonnance, pour la première fois deux sols tournois.

« Item sur chacune femme de ladite ordonnance

qui se remue (déménage), et va demeurer de maison ou estuve en autre, ou qui va hors de la ville et demeure une nuit, douze deniers touttes fois que le cas y esquiet.

« Item doit avoir une table et brœlang à part lui, sur un des fiefs du palais, ou en telle place que au bailli plaira ordonner. »

Dans la maison du roi de France, le Roi des Ribauds était un officier du rang le plus infime, beaucoup au-dessous des archers, nommé le dernier dans les Comptes, après « le barbier, le tapicier, le maréchal et le cordouennier. » Il ne pouvait porter verges ni faire aucun exploit dans le palais, sans la permission de ses chefs. C'était une sorte d'huissier qui fut placé tour à tour sous la juridiction des Baillis du Palais, puis sous celle des Maîtres d'Hôtel, du Prévôt des Marchands et du Prévôt de l'Hôtel. Il eut d'abord un seul valet pour l'aider dans son service; puis ensuite, ses fonctions prenant quelque importance avec le développement naturel de la cour des rois, on lui adjoignit des sergents, et enfin on lui donna un lieutenant ou prévôt. La charge dont il était pourvu s'exerçait plutôt à l'extérieur du palais qu'au dedans, ainsi qu'il résulte des ordonnances qui la déterminent.

« Il aura, dit une ordonnance de Philippe le Hardi, sa livraison et treize deniers de gages, et ne mangera point à cour, et ne vendra (viendra) en salle s'il n'y est mandé. » Une ordonnance de Philippe le Long dit aussi : « Grasse Joë, Roy des Ribaux, ne mangera point à cour, mès il aura si denrées de pain,...... et il sera monté par l'escuerie, et se doit tenir toujours hors la porte, et garder illec, qu'il n'y entre que ceux qui y doivent entrer.

« Item à savoir est que les huissiers de la salle, aussitôt qu'on aura crié *au queux*, feront vider la salle de toutes gens, fors ceux qui doivent manger, et les doivent livrer, à l'huis de la salle, aux varlets de porte, et les varlets de porte aux portiers, et les portiers doivent tenir la cour nette, c'est-à-dire que les portiers ne doivent permettre qu'aucun soit et demeure en la cour de l'hôtel du Roi pendant le dîner et souper, et que l'on est à table, et les livre au Roi des Ribauds, et ci le Roi des Ribauds doit garder qu'il n'entre plus à la porte. » (LEBAS, *Encyclop. de la France*, V° *Roi des Ribauds.*— GOUYE DE LONGUEMARE, *Eclaircissements sur le Roi des Ribauds.* Paris, 1748.) Il faisait encore, en dehors du palais, des patrouilles, afin que les vagabonds et les mauvais sujets ne pussent pas s'en approcher ou s'y introduire.

L'officier dont nous nous occupons participait aussi à l'exécution des sentences criminelles, prononcées par les grands officiers de la maison du roi; il transmettait d'abord au bourreau les ordres de ces dignitaires, et lui payait le salaire de sa triste besogne. Il lui prêta ensuite main-forte, dans l'occasion, et présida lui-même à l'exécution. « Il se fait, dit Bouteiller, toutefois que le roi va en ost, appeler l'exécuteur des sentences et commandements des Maréchaux et de leur Prévôt. » Il avait même un droit sur les hardes de l'exécuté. Il faut bien avouer pourtant que s'il avait souvent le plaisir de faire pendre les gens, il avait aussi parfois le désagrément d'être pendu lui-même. Telle fut la triste fin de *Guillet, naguères Roi des Ribauds*, qui fut conduit, accompagné du *Picardiau, son Prevost*, de *Corbeul à Sedant*, pour être mis au pilori. Il est juste d'ajouter que ce service lui fut rendu par Jean Guérin, son successeur.

Enfin, nous avons vu, et c'est là le point qui surtout nous intéresse, que le Roi des Ribauds avait une juridiction sur les filles de joie suivant la cour. Bouteiller, en effet, après avoir dit qu'il « connoît des jeux de dez, brelans et autres qui se font en l'ost et chevauchée du Roi, » ajoute qu'il doit aussi surveiller les maisons consacrées à la débauche et y maintenir la police. Il percevait, pour salaire de cette fonction, deux sols par semaine, de chacune de ces maisons, et ses sujettes, pendant toute la durée du mois de mai, étaient tenues de faire son lit.

S'il en recevait un impôt et des services, il devait en échange les protéger et les défendre. « Il avoit charge et soin, nous dit Brantôme, de leur faire départir cartier et logis, et là commander de leur faire justice, si on leur faisait tort. » Le Roi des Ribauds disparut sous le règne de Charles VII. Un des archers nouvellement créés par Louis XI prit le commandement des Sergents de l'Hôtel, et le nom de leur antique chef se perdit. (GOUYE DE LONGUEMARE, *ubi sup*.)

Sa royauté toutefois se maintint encore quelque temps, mais elle tomba en quenouille. Ce fut une dame, et une grande dame quelquefois, qui resta chargée de la police des femmes de la cour. En 1535, une femme, nommée Olive Sainte, remplissait ces honnêtes fonctions. Elle recevait de François Iᵉʳ un don de 90 livres, « pour lui aider et auxdites filles à vivre et supporter les dépenses qu'il leur convient faire à suivre ordinairement la cour. » (DUCANGE, Vᵒ *Meretricalis vestis*.) On a conservé plusieurs autres ordonnances du même genre données entre 1539 et 1546, et nous y voyons que chaque année, au mois de mai, les filles de la cour présentaient un bouquet au roi. En 1540, la duchesse Cécile de Viefville était leur intendante. François Iᵉʳ lui accordait encore « la somme de 45 livres tournois.... tant pour elle que pour les autres femmes et filles de sa vaccation, à despartir entre elles ainsi qu'elles adviseront, et ce pour leur droict du moys de mai dernier passé, ainsi qu'il est accoustumé faire de toute ancienneté. (CHAMPOLLION-FIGEAC, *Mélanges historiques*, IV, 479. Nous avons la preuve que cette honteuse partie de la maison royale existait encore en 1558, et par conséquent sous le règne de Henri II. En effet, une ordonnance du 13 juillet de cette année réforme les abus, et contient l'indiscipline, qui semblaient s'être introduits dans la corporation. « Il y est très-expressément enjoint et recommandé à toutes filles de joie et autres, non estant sur le roolle de la Dame desdictes filles vuider la cour incontinent après la publication (de cette ordonnance), avec deffenses à celles estans sur le roolle de ladicte Dame, d'aller par les villages, et aux chartiers, muletiers et autres, les mener, retirer, ni loger, jurer et blasphémer le nom de Dieu, sur peine du fouet et de la marque; et injonction par même moyen auxdictes filles de joie d'obéyr et suivre ladicte Dame, ainsi qu'il est accoutumé, avec deffense de l'injurier sur peine du fouet. » (GOUYE DE LONGUEMARE, *ubi sup.*) Pour que ces femmes fussent bien élevées et dignes du grand monde qu'elles fréquentaient, on ne leur épargnait pas, on le voit, les corrections. Toutefois, il faut le dire, leur rôle avait diminué d'importance. Les Dames, durant le Moyen Âge, « n'abordaient que peu et en petit nombre » à la cour. Ce fut la reine Anne qui les y attira la première; et François Ier suivit son exemple. Non pas, on doit le croire, que ce roi chevalier eût à cet égard la moindre mauvaise pensée et voulût les faire succomber aux séductions d'une cour galante. Si elles succombaient en effet, c'était bien contre son gré, « il laissait à chacun garder sa garnison, » dit Brantôme. Leurs indignes rivales, toutefois, tombèrent au second rang et furent abandonnées aux subalternes.

Notons enfin que les rois d'Angleterre et les seigneurs du royaume avaient aussi leurs gynécées sous le règne d'Henri VIII. Un écriteau était placé sur la porte; on y lisait : *Chambre des filles de joie du roi.* (SABATIER.)

Nous ne terminerons pas sur cette mauvaise impression et sur ce tableau d'incroyables désordres; nous voulons, en finissant, reporter notre pensée sur le spectacle consolant des efforts que, dès l'origine du christianisme, les hommes religieux tentèrent pour arracher à la débauche les malheureuses qui en faisaient commerce. Alors comme aujourd'hui, c'était le vice quelquefois, et plus souvent la misère, qui les poussait à ce dernier degré de l'abaissement. Ainsi, Jean de Troyes nous apprend qu'à la suite de la prise et du pillage de Dinan par les Bourguignons (1466) les filles publiques se multiplièrent dans le pays.

Nous ne voulons pas parler ici de cet apostolat plein d'ardeur, dont les femmes livrées au vice, de même que tous les déshérités de l'ancien monde, furent l'objet de la part des premiers chrétiens, surtout en Orient, et particulièrement des pères et des ermites du désert. Le récit de ces conversions remplit les anciennes légendes et les livres des hagiographes. Nous nous contenterons de noter très-sommairement les tentatives qui avaient pour but d'offrir à ces femmes malheureuses un asile et une protection contre le retour des mauvais penchants.

A peine devons-nous indiquer la première entreprise de ce genre. Théodora, courtisane elle-même, montée sur le trône impérial, voulut, après les édits sévères de Justinien, recueillir dans un de ses palais, sur le bord du Bosphore, cinq cents environ des filles les plus misérables de Constantinople ; mais cette main impure substitua la violence à la foi, et peut-être beaucoup de celles qu'elle cherchait à relever n'avaient-elles pas encore les croyances qui font accepter l'expiation : quoi qu'il en soit, cette demeure magnifique et richement dotée leur fut une prison insupportable ; et un grand nombre d'entre elles se précipitèrent dans la mer. (LEBEAU, *Histoire du Bas-Empire*, liv. XLI, n° XXIII, tom. VIII, p. 124).

En 1198, deux prêtres, Fulcon et Pierre de Rosciac, au milieu des désordres dont nous avons cherché à donner une idée, essayèrent, à Paris, de convertir les femmes dissolues ; ils obtinrent un merveilleux succès, aidés par les aumônes des écoliers et des bourgeois ; les pécheresses accouraient en foule sur leurs pas ; et l'on fonda pour elles, près de Paris, le monastère de Saint-Antoine. (BULÆUS, *Historia universitatis*, Paris., II, p. 518, 687.) Moins de trente ans après (en 1226), l'évêque de Paris créa, entre cette ville et Saint-Lazare, une maison nouvelle pour les filles repenties, qu'on appela *Filles-Dieu*, comme si, séparées par leurs vices de leurs parents sur la terre, elles n'avaient plus de famille que dans le ciel; saint Louis y fit placer à son tour deux cents femmes converties et donna à la maison une rente de quatre cents livres. (Sauval, I, liv. iv, v.)

Il nous faut franchir un intervalle de plus de deux siècles, pour retrouver des fondations du même genre; mais, dans les premières années du quinzième siècle, cette lassitude du vice, chez des malheureuses pour lesquelles il devenait un esclavage, ce besoin du repentir, ce désir, chez les gens de bien, de racheter et de relever des âmes si profondément perverties, semblent s'être propagés dans toute la France par un mouvement général et qui désormais ne devait plus s'arrêter. C'est à cette époque que se constitua, à Abbeville, sous le patronage de la *benotte Marie Magdeleine* et sous la protection de l'autorité municipale, une association de filles de mauvaise vie, qui cherchèrent à se soustraire au libertinage par la piété et le travail. En 1489, des filles publiques d'Amiens, touchées par ce bon exemple, sollicitèrent de l'échevinage un asile où elles pussent vivre ensemble « comme filles repenties... en ouvrant (travaillant) par elles de leur métier; » et leur requête nous apprend que d'autres « bonnes villes » avaient déjà offert au repentir des retraites semblables. Ces femmes étaient distinguées par un costume particulier;

elles prenaient « à leurs despens » un habit de drap blanc. Toutefois, leurs associations semblent avoir eu surtout, dans ces contrées, un caractère laïque et municipal.

Vers 1492, un prédicateur, Jean Tisserand, recommença la tâche de Fulcon, avec la même fortune, et ramena à l'honnêteté, par la religion, un on nombre de filles perdues à Paris. Jean Simon, évêque de cette ville, donna à ces filles pénitentes des statuts, dans lesquels, par une pensée pleine de sagesse, on avait pris des précautions minutieuses pour que les femmes qui s'étaient livrées au triste métier de la Prostitution pussent seules être admises, et pour que la misère ne poussât pas les filles honnêtes à acheter un asile dans cette maison de repentir par le sacrifice de leur pudeur. (*Ibid.*) Leur règle fut appliquée au commencement du seizième siècle (1516) par un religieux nommé le père Matthieu, à des filles qu'il évangélisa à Toulouse et auxquelles il fit embrasser la vie religieuse (LAFAILLE, I, 185, 117). Enfin, ces œuvres saintes se multiplièrent et produisirent des fruits toujours plus abondants pendant les dix-septième et dix-huitième siècles, et nous pourrions en citer de nombreux exemples.

Il est, parmi ces bienfaits toujours renouvelés de la charité chrétienne, une conversion moins éclatante, mais, il nous semble, d'un caractère touchant; c'est par elle que nous terminerons.

Lorsque, dans la seconde moitié du quatorzième siècle, on ouvrit une enquête pour la canonisation de Charles de Blois, un témoin fut entendu, nommé Jean du Founet, et voici ce qu'il raconta : Un dimanche de l'année 1357, le bon Duc, chevauchant dans la campagne, descendait de Dinan et se rendait à son château de Léon tout près la ville; derrière lui marchaient Alain du Tenou son argentier, Geoffroy de Pontblanc le maître de son hôtel, le chevalier Guillaume le Bardi et quelques hommes d'armes qui formaient la suite. Sur le bord de la route, il vit une femme assise, triste et d'un aspect misérable, et s'approchant d'elle, lui demanda ce qu'elle faisait en ce lieu. « C'est ainsi, lui répondit-elle, que je gagne le pain dont je me nourris! » voulant dire qu'elle se livrait à la débauche. Charles se retira vers son escorte et donna l'ordre à son argentier d'interroger plus longuement la vagabonde. Celui-ci apprit qu'elle était de Dinan, qu'elle s'appelait Jeanne du Pont, et que la misère seule lui avait fait embrasser cet odieux métier. Charles alors l'appela de nouveau, et lui reprochant avec sévérité de profaner un jour consacré au culte du Seigneur, lui demanda enfin combien il lui faudrait donner pour qu'au moins elle respectât cette sainte journée : « Vingt sols, reprit-elle, me suffiraient pour vivre honnêtement pendant tout un mois. » Et le Duc, portant la main à sa bourse modeste (*modicam bursam*), lui en compta quarante. Jeanne, joyeuse et libre de son impur esclavage, promit de s'abstenir aussi longtemps qu'il lui serait possible, mais au moins pendant quarante jours (*saltem usque ad XL dies*). Geoffroy de Pontblanc voulait lui en faire prêter le serment, et Charles l'arrêta, dans la crainte du parjure. Il s'éloigna, après quelques exhortations nouvelles, et disparut bientôt aux yeux de Jeanne. Celle-ci pourtant n'oublia pas les conseils de la sagesse, et tint plus qu'elle n'avait promis. Les quarante sous du Duc étaient pour elle une dot; elle renonça pour toujours à la vie dissolue, et mariée à un garçon du pays, le fils de Mathieu Rouce de Pludilhan, elle sanctifia auprès du foyer domestique une vie si mal commencée.

A. RABUTAUX.

COURTISANES CÉLÈBRES.
(Tirées d'une collection de 40 portraits intitulée: *Miroir des plus belles courtisanes de ce temps, 1620 à 1630*)
SIGNORA ISABELLA.   2 SCHONN MAYKEN VAN BRUSSEL.   3 Mrs MARY C.-P.   4 LA BELLE DANS.

BIBLIOGRAPHIE

P. Henri Larcher. Mémoire sur la déesse Vénus. *Paris*, 1776, in-12.

De la Chau (et Leblond). Dissertation sur les attributs de Vénus. *Paris*, 1776 ou 1780, in-4°, fig.

Fél. Lajard. Recherches sur le culte, les symboles, les attributs, etc., de Vénus. *Paris*, 1837 et suiv., in-4°, avec atl. in-fol.

Knight's Account of the remains of the worship of Priapus. *London*, 1786, in-4°.

J.-A. D..., (Dulaure). Des divinités génératrices ou du culte du Phallus chez les anciens et les modernes; des cultes des dieux de Lampsaque, de Pan, de Vénus, etc. *Paris*, 1805, in-8°.

(J.-B. Publicola Chaussard.) Fêtes et courtisanes de la Grèce. Supplément aux Voyages d'Anacharsis et d'Anténor, comprenant : 1° la chronique religieuse des anciens Grecs, tableau de leurs mœurs publiques; 2° la chronique qu'aucuns nommeront scandaleuse, tableau de leurs mœurs privées; 4° édit. *Paris*, 1821, 4 vol. in-8°, fig.

La première édition, également en 4 volumes, est de 1801. Le tome IV contient un dictionnaire des Courtisanes.

Jacobs, de Gotha. Essai sur l'histoire des femmes, principalement des hétaires à Athènes, traduit de l'allemand par Winckler. Voy. cet Essai dans le *Mag. encyclop.*, an VII, cinquième année, t. II, et sixième année, t. V et VI.

(Em. Marco de Saint-Hilaire.) Mœurs, coutumes et usages des courtisanes chez les anciens. Voy. ce Résumé à la suite de la *Biogr. des nymphes du Palais-Royal et autres quartiers de Paris* (Paris, 1823, in-18).

(P.-Fr. Hugues, dit d'Hancarville.) Monuments de la vie privée des douze Césars, d'après une suite de pierres gravées sous leurs règnes. *Caprée (Nanci)*, 1780, in-4°, fig.

— Monuments du culte secret des dames romaines. *Caprée (Nanci)*, 1784, in-4°, fig.

> Réimpr. avec le précédent, la même année, dans le format in-8° et in-4°, en 1787.
> C'est une imitation de l'ouvrage original, intitulé *Veneris et Priapi uti observantur in gemmis antiquis* (Lugduni Batav., s. d., 2 vol., petit in-4°), réimpr. au moins deux fois, à Naples et à Londres.

J.-B. Publicola Chaussard. Héliogabale, ou esquisse morale de la dissolution romaine sous les empereurs. *Paris, an X (1802), in-8°, fig.*

C. Famin. Peintures, bronzes et statues érotiques formant la collection du cabinet secret du Musée royal de Naples, avec leur explication. *Paris, 1832, in-4°, fig.*

Jac. Cujacii Commentarii ad libros Æmilii Papiani de adulteriis. *Francof., P. Fischer, 1591, in-4°.*

Flaminii de Rubeis Tractatus de adulteriis. *Ap. Palthenium, s. n. (circa 1590), in-8°.*

Jos. Laurentii, De adulteriis meretricibus tractatio. Voy. ce Traité dans le t. VIII du grand recueil d'*Antiq. græc.*, de Gronovius.

D. Bermondi Choveronii Commentarii in tit. de publicis concubinariis. *Leon., 1564, in-4°, et Spiræ, 1597, in-8°.*

> Réimp. dans le t. XV du grand recueil de jurisprudence de Fr. Zilelli (*Venet.*, 1584, 25 vol. in-fol.).

Ang. Steph. Garoni Commentaria in tit. de meretricibus et lenonibus Constit. Mediol. *Mediolani*, 1638, in-4°.

Sabatier. Histoire de la législation sur les femmes publiques et sur les lieux de débauche. *Paris*, 1828, in-8°.

(J.-B. Publicola Chaussard.) Histoire de la galanterie chez les différents peuples du monde. *Paris*, 1793, 2 vol. in-18, fig.

(A. Béraud.) Précis historique sur la Prostitution chez les divers peuples de la terre, depuis la création du monde jusqu'à nos jours. *Paris*, 1839, 2 vol. in-8°.

> Il existe des exempl. sous ce titre : *Les Filles publiques de Paris et la police qui les régit*, précéd. d'un précis histor. de la Prostitution, etc., avec le nom de l'auteur.

G. Bicken. De lupanaribus. *Heidelbergæ*, 1674, in-4°.

> Voy., dans le t. I du *Traité de la police* de Delamare, le livre III, qui traite des femmes de mauvaise vie et des lieux de débauche; dans le *Répert. de jurisprudence* de Merlin, article Prostitution; même article, par Foderé, dans le grand *Dict. des sciences médicales;* dans les *Dict. de police*, etc.

G. Franck. Tractatio quâ lupanaria, vulga *Hurenhäuser*, ex principiis medicis improbantur. *Halæ*, 1743, in-4°.

Vénus populaire, ou apologie des maisons de joie. *Londres, Moore*, 1727, in-8°.

Code ou nouveau règlement sur les lieux de prostitution dans la ville de Paris. *Londres*, 1775, in-12.

(Restif de la Bretonne.) Le Pornographe, ou idée d'un honnête homme sur un projet de règlement pour les prostituées. *Londres*, 1769, in-8°.

> Réimpr., avec le nom de l'auteur, dans sa collection des *Idées singulières*.

A.-J.-B. Parent Duchatelet. De la Prostitution dans la ville de Paris, considérée sous le rapport de l'hygiène publique, de la morale et de l'administration. *Paris*, 1837, 2 vol. in-8°.

<small>Plusieurs fois réimpr.
Voy., pour la ville de Londres, un ouvrage du même genre, par Ryan : *Prostitution of London*.</small>

H.-A. FRÉGIER. Des classes dangereuses de la population des grandes villes, et des moyens de les rendre meilleures. *Paris*, 1839, 2 vol. in-8°.

<small>Voy., sur le même objet, les traités de médecine légale, et entre autres, P. ZACCHIÆ *Quæstiones medico-légales*, cura J.-D. Horstii (Lugd., 1726, 3 t. en 1 vol. in-fol.); etc.</small>

De morbo gallico omnia quæ extant apud omnes medicos cujuscumque nationis (collecta per Aloys. Luisinum). *Venetiis*, 1566-67, 2 vol. in-fol.

<small>Réimpr. avec des notes de Herm. Boerhaave, sous ce titre : *Aphrodisiacus sive de lue venerea* (Ludg.-Bat., 1728, 2 vol. in-fol.).</small>

Jos. GRUNPECK. Tractatus de pestilentiali scorra sive mala de Franczos, originem remediaque ejus continens. *S. n. et s. a. (Augsb., 1496)*, in-4° de 12 ff. goth.

(NIC. LEONICENUS.) Libellus de epidemia, quam vulgo morbum gallicum vocant. *Venetiis, Aldus Manutius*, 1497, in-4° de 20 ff.

GASP. TORRELLA. Tractatus cum consiliis circa pudendagram seu morbum gallicum. *Roma, per Petrum de La Turre*, 1497, in-4° de 24 ff. goth.

PETR. PINTOR. Tractatus de morbo fœdo et occulto his temporibus affligente. *Roma, Euch. Silber*, 1500, in-4° goth. de 40 ff.

ULRIC DE HUTTEN. L'expérience et approbation touchant la médecine du bois dict guaïacum, pour circonvenir et déchasser la maladie induement appellée françoyse, ainçoys par gens de meilleur jugement est dicte et appellée la maladie de Naples, trad. et interprestée par maistre Jehan Cheradame,

Hypocrates, estudyant. *Paris, J. Trepperel* (s. d.), in-4°
goth.

> Souvent réimpr. à cette époque. L'original latin, souvent réimpr.
> aussi, est intitulé *De guaiaci medicina et morbo gallico liber unus* (Mog.,
> J. Schœffer, 1519, in-4°).

(JEAN LEMAIRE DE BELGES.) Le triumphe de très-haute et très-puissante dame Vér..., royne du puy d'amours, composé par l'inventeur des menus plaisirs honnestes. *Lyon, Fr. Juste*, 1539, p. in-8°, fig. en bois.

J. ASTRUC. De morbis venereis, lib. IX. *Parisiis*, 1740, 2 vol. in-4°.

> Trad. et augm. par Louis (*Paris*, 1777, 4 vol. in-12).
> Nous n'avons indiqué ici que quelques anciens traités sur les maladies vénériennes et sur leur origine.

GOUYE DE LONGUEMARE. Eclaircissements sur la charge du Roi des Ribauds. Voy. ce Mém. à la suite de sa *Dissert. sur la chronol. des rois mérovingiens* (Par., 1748, in-12).

L'abbé LEBEUF. Lettre sur le Roi des Ribauds. Voy. cette Lettre dans le *Journal de Verdun*, nov. 1751.

> Voy. aussi deux autres lettres sur le même sujet dans le même journal, avril 1752; l'une est relative au Roi des Ribauds de Laon, l'autre est signée du pseudonyme *M. de Bonnevie*.

P. L. JACOB, bibliophile (PAUL LACROIX). Le Roi des Ribauds, histoire du temps de Louis XII (1514). *Paris*, 1831, 2 vol. in-8°, fig.

> Souvent réimpr. et trad. en ital. et en allem. Ce roman historique, qui traite de la Prostitution au seizième siècle, est précédé d'une dissertation historique sur le Roi des Ribauds.

HILARI DRUDONIS Practica artis amandi. *Amstelodami*, 1652, p. in-12.

(H. GAB. RIQUETTI DE MIRABEAU.) Erotika biblion. *Rome (en Suisse)*, 1783, in-8°.

P. P. (PIERRE PIERRUGUES et DE SCHONEN.) Glossarium eroticum linguæ latinæ, sive theogoniæ, legum et morum nuptialium apud Romanos explanatio nova. *Parisiis,* 1826, in-8.

(F.-H. STAN. DE L'AULNAYE.) Erotica verba. Voy. ce Glossaire historique et philologique dans ses édit. de Rabelais (*Paris*, 1818, 3 vol. in-12, et 1823, 3 vol. in-8°.)

De fide meretricum. — De fide concubinarum in sacerdotes. Voy. ces deux pièces à la suite des *Epistolæ obscurorum virorum*, d'Ulric de Hutten et de J. Crotus Rubianus, dans l'édit. de 1581, in-8°.

La première de ces deux pièces se trouve aussi dans le recueil *Bacchi et Veneris facetiæ* (s. n., 1617, in-12).

PA. BEROALDUS. Declamatio ebriosi, scortatoris, aleatoris, de vitiositate disceptantium. *Bononiæ, Bened. Hectoris,* in-4° de 20 ff.

Plusieurs fois réimpr. Trad. en prose, par Calvi de La Fontaine, sous ce titre : *Trois déclamations ès quelles l'ivrogne, le putier et le joueur de dés, frères, desbattent*, etc. (Par., Vinc. Sertenas, 1556, in-16); et en vers, par Gilb. Damalis, sous ce titre : *Le Procès des trois frères* (Lyon, Maur. Roy, 1558, in-8°.).

Le premier acte du synode nocturne des tribades, lemanes, unelmanes, propetides, à la ruine des biens, vie et honneur de Calianthe. *S. n.*, 1608, de 85 p.

Ce livre singulier, publié sous le pseudonyme de *Polupragme*, pourrait bien être de Béroalde de Verville.
Voy. aussi, dans le roman de Rabelais, tout ce qui concerne la Prostitution.

JOACH. DU BELLAY. La Courtizane. Voy. ce poëme à la suite de la *Célestine*, trad. par Jacq. de Lavardin, dans l'édit. sans date de *Paris, Nicolas Bonfons*, in-16.

Parmi les poëtes français qui n'ont pas craint de célébrer, dans leurs vers, la Prostitution et les *villotières*, il faut citer Villon, dont le *Testament* et les *Repues franches* sont remplis de détails de mœurs relatifs à sa vie débauchée.

MATH. REGNIER. Satyres et autres œuvres, accompagn. de remarques historiques (de Cl. Brossette); nouv. édit. considérablement augm. (par Lenglet du Fresnoy). *Londres*, 1733, in-4°.

<small>La première édit. paraît être celle de *Paris, Du Bray*, 1608, in-4°; souvent réimpr. On trouve dans ce recueil les satires de *Macette*, du *Mauvais gîte*, et beaucoup de pièces ou de passages relatifs à la Prostitution.</small>

Miroir des plus belles courtisanes de ce temps. (*Amsterdam*), 1630 ou 1632 ou 1635, in-4° obl. de 40 portr., avec texte hollandais au verso.

La destruction avec la désolation des povres filles de Hulen et de Darnetail (en vers). *S. n. et s. d.* (*Paris*, 1520), petit in-8° goth. de 4 ff., fig.

Ténèbres du Champ Gaillard, composées sur l'estat dudict lieu et se peuvent chanter ou lire à plaisir (en vers). *Paris, Nic. Buffet* (1540), p. in-8° goth. de 4 ff.

Les regrets des filles de joye de Paris sur le sujet de leur bannissement. *Paris* (1570), pièce in-8°.

Rasse-Desneux. Ban de quelques marchands de graine à boilé et d'aucunes filles de Paris, 1570 (en vers, publ. par Méon). *S. n. et s. d.* (*Paris*, 1814), in-8° de 4 ff.

Deploration et complaincte de la mère Cardine de Paris, cy devant gouvernante du Huleu, sur l'abolition d'iceluy; trouvée après le décedz d'icelle Cardine, en un escrain auquel estoient ses plus privez et précieux secretz, tiltres de ses qualitez authentiques, receptes souveraines, compostes, antidotes, baulmes, fardz, boestes, ferrements et ustenciles servans audict estat dudict mestier. *S. n.*, 1570, in-4° de 8 ff.

(Flaminio de Biragus?) L'enfer de la mère Cardine, traitant de la cruelle et horrible bataille qui fut aux enfers, entre les diables et les macquerelles de Paris, aux noces du portier Cerberus et de Cardine, etc. *S. n.*, 1583, in-8° de 30 p.

<small>Réimpr. en 1597, in-8° de 38 p., et en 1793, chez Didot l'aîné.
On a publié, à la même époque, plusieurs facéties du même genre sur cette fameuse mère Cardine et sur son fils Arlequin. Voy. Catal. de La Vallière, par Guill. de Bure et Van Praet, n° 3913.</small>

(Nic. Froumenteau ou Nic. Barnaud.) Le cabinet du roy de France, dans lequel il y a trois perles précieuses d'inestimable valeur, par le moyen desquelles Sa Majesté s'en va le premier monarque du monde et ses sujets du tout soulagez. *S. n. (Paris),* 1581, in-8°.

<small>C'est une véritable statistique de la Prostitution monastique en France, à cette époque.</small>

Le contenu de l'assemblée des dames de la confrairie du Grand-Habitavit. *Paris, Nic. Alexandré,* 1615, p. in-8° de 8 p.

<small>Réimpr. deux fois, avec le *Pot aux roses découvert*, sous deux titres différents : *La Chasse des dames d'amour, avec la réformation des filles de ce temps* (Par., veuve Ducarroy, 1625, in-8° de 14 p.), et *Le mécontentement arrivé aux dames d'amour suivant la cour* (Ibid., id., 1625, in-8° de 15 p.)</small>

La Blanque des filles d'amour, dialogue où la courtizane Myrthale et sa fille Philire devisent du rabais de leur mestier et de la misère de ce temps. *Paris, Nic. Alexandre,* 1615, in-8° de 14 p.

<small>Plusieurs fois publ. et réimpr. sous les deux titres suivants : *Pot aux roses découvert ou le Rabais des filles d'amour* (Par., 1615. in-8° de 14 p.) et *Pot aux roses découvert en forme de dialogue où la courtizane Jacqueline et sa mère Cardine devisent du rabais des filles d'amour*, à la suite de la *Chasse des dames d'amour* et du *Mécontentement arrivé aux dames d'amour*, publ. en 1625.</small>

La découverte du style impudique des courtizanes de Normandie : envoyé pour estrennes à celles de Paris, de l'université d'une courtizane anglaise. *Paris, Nic. Alexandré,* 1618, pièce in-8°.

La mine esventée des dames de courtoisie à Paris, avec la résolution prise en leur assemblée générale : avec la suite du Pot aux roses découvert par les filles d'amour. *Paris,* 1619, pièce in-8°.

La Procédure faite contre les filles de joie, à la requeste des bourgeois de Paris (en vers). *S. n.,* 1619, pièce in-8°.

Le parfait macquereau suivant la cour, contenant une histoire nouvellement passée à la foire Saint-Germain, entre un grand et l'une des plus notables et renommées courtisanes de Paris (en vers). *S. n.*, 1622, p. in-8° de 26 p.

Tableau des piperies des femmes mondaines, où par plusieurs histoires se voyent les ruses et artifices dont elles se servent. *Cologne*, 1685, p. in-12.

Les femmes de plaisir, ou représentations à M. le lieutenant de police de Paris sur les courtisanes à la mode et les demoiselles du bon ton. *Paris*, 1760, in-12.

De la Prostitution, cahier et doléances d'un ami des mœurs adressés spécialement aux députés de l'ordre du tiers-état de Paris. *Au Palais-Royal*, 1789, in-8°.

P. ARETINO. Ragionamento della Nanna et della Antonia fatto in Roma sotto una ficaia. *Parigi*, 1533, in-8°.

<small>Édit. originale de la première partie des *Ragionamenti*, si souvent réimpr.</small>

— Opera nova del divo et unico signor Pietro Aretino, laqual scuopre le astutie, scelerita, frode, tradimenti, assassinamenti, inganni, truffarie, strigarie, calcagnarie, robarie, et le grant fintion et dole paroline ch' usano le cortigiane o voir dir tapune, per ingannar i simplici gioveni per laqual causa i poverelli per cio restano apesi come uccelli al vischio: et al fin con vitupio et dishonor posti al basso con la croya leggiera. *Napoli*, 1534, p. in-8°.

<small>Ce volume ne contient pas autre chose que le troisième dialogue de la première partie des *Ragionamenti*.</small>

— Dialogo di M. Pietro Aretino, nel quale la Nanna il primo giorno insegna a la Pippa sua figliola a esser puttana: nel secondo gli conta i tradimenti che fanno gli huomini a le meschine che gli credano; nel terzo la Nanna et la Pippa sedendo nel orto Ascoltano la comare et la balia che ragionano de la Ruffiana. *Torino*, 1536, p. in-8°.

<small>Première édition de la seconde partie des *Ragionamenti*.</small>

— Tromperies dont usent les mieux affectées courtisanes à

l'endroit d'un chacun, principalement des jouvenceaux desbauchez qu'elles attirent en leurs filets, faisans que sous propos emmielez perdent honneur et chéent en pauvreté. Œuvre parti en dialogue, orné de saints enseignemens, conseils et avis à la jeunesse, pour éviter les déceptions, tromperies et traverses de telles femmes. Trad. d'ital. en français. Plus la Courtisane de Joachim du Bellay. *Paris, P. Chevillot, 1580*; in-16 de 99 ff.

Imitation des deux premières parties des *Ragionamenti* de l'Arétin; réimpr. sous le titr. d'*Hist. des amours feintes et dissimulées de Lais et de Lamia, récitées par elles-mêmes; mise en forme de dialogue, où sont découvertes les fallaces et communes tromperies dont usent les mieux décriées courtisanes de ce temps, à l'endroit de leurs amis*, etc. (Paris, A. Du Breuil, 1595, p. in-12 de 56 ff.).

— Ragionamento del Zoppino fatto frate e Lodovico puttaniere, dove contiensi la vita e genealogia di tutte le corteiane di Roma. (*Venetia*), *Fr. Marcolino, 1539*; in-8° de 20 ff.

— La Cortigiana, comedia. *Venezia, Marcolini, 1534*; in-4°.

Plusieurs fois réimpr. Franc. Buonafide la fit reparaître sous le nom de Cesare Caporali et avec le titre de *Lo Sciocco* (Vénét., 1604, in-12).

HIPPOL. SALVIANO. La Ruffiana, comedia nuova. *Roma, Vaerio et Luigi Dorici, 1553*, in-8° de 120 p.

On peut citer encore trois comédies italiennes du même genre, mises au théâtre et imprimées sous le titre de *Il Ruffiano*, l'une de Dolce (1560), l'autre de L. Stellando (1549), et la troisième d'Angelo d'Orso (1673). Au reste, dans tout le théâtre italien du seizième siècle, les *cortigiane*, les *ruffiani* et les *ruffiane* sont les personnages obligés de la comédie, comme dans le théâtre grec et romain.

(LORENZO VENIERO.) Putana errante. — La Zaffetta. (*Venetia*, 1531), in-8°.

Plusieurs fois réimpr. avec le nom d'Arétin, notamment sous le titre suivant : *Dialoghi dei di Ginevra et Rosana* (Stamp. nella nobil città di Bengodi, 1584, p. in-8°) et trad. en franç. par un anonyme qui a signé N. N. sous ce titre : *La P..., errante, ou Dialogues de Madeleine et de Julie* (s. n. et s. d., p. in-12 de 72 p.).

Apologia cortigiana, de natura del cortigiano. *Roma, Ant. Blado d'Asola, 1540*, in-4°.

N. Guttery. La Priapeia, al mag. sign. L. D. M. M. D. C. S. n., 1586, in-8° de 29 p.

(Gregor Leti.) Il Putanismo romano, overo conclave generale delle putane della Corte per l'elettione del nuovo pontifice. S. n. (Holl.), 1668, p. in-12 de 130 p.

>Trad. en franç. par l'auteur ou ses filles, et publ. sous ces deux titres : *Le Putanisme de Rome ou le conclave...* (Cologne, s. d., in-12), et *Le Putanisme ou la confrérie des put.... de Rome assemblées en conclave* (Ibid., 1670, in-12).

La Rettorica delle putane, composta conforme alli precetti di Cipriano. *Villafranca (Holland.)*, 1673, p. in-12.

>Réimpr. plusieurs fois et placé dans le recueil de Ferrante Pallavicino. Il en existe une imitation en français, sous ce titre : *Rome amoureuse ou la doctrine des courtisanes romaines* (Amst., 1690, in-12).

(Juan de Mena et Fern. de Rojas.) Tragicomedia de Calisto y Melibea. (*Burgos*), *F. A. de Basilea*, 1499, in-4°, fig.

>Souvent réimpr. et trad. en plusieurs langues : en italien, par Alfonso Ordonez (*Venet.*, 1505, in-4°) et par Hieron. Claricio, Impolese (*Milano*, 1514, in-4°); en allemand, par un anonyme (*Augsb.*, 1520, in-4°); en anglais, par James Mabbe (*Lond.*, 1631, in-fol.); en latin, par Casp. Barthius, sous ce titre : *Pornoboscodidascalus de lenonum, leharum, concl. liatricum, servilior. dolis, veneficiis*, etc. (Francof., 1624, in-8°); en français, par un anonyme, sous ce titre : *La Célestine en laquelle est traicté des déceptions des serviteurs envers leurs maîtres, et des macquerelles envers les amoureux* (Par., Nic. Cousteau, 1527, in-8° goth., et autres édit. de 1529, 1542, etc.); par Jacq. de Lavardin, sous ce titre : *La Célestine fidellement expurgée* (Par., Robinot, 1578, in-16, et autres édit.); par un anonyme (*Rouen, Osmont*, 1633, in-8°), et enfin, par G. Delavigne (*Paris*, 1841, in-8°).

Cl. Espencæi. De continentia libri sex : quorum primus de conjugio, continentiâ et cœlibatu sacrorum Ecclesiæ ministrorum; secundus, de digamiæ nomine, varietate, irregularitate, dispensatione; tertius, de statu viduitatis; quartus, de voto continentiæ et pudicitiæ, virginitatis præsertim custodiâ; quintus, de voti redemptione, sive dispensatione; sextus, de continentiâ conjugali ex mutuo consensu : quibus adjecta est appendix ad totum opus; denique de suspecto contubernio. *Paris, Jacq. Dupuys*, 1565, in-4°.

>Voy. encore plusieurs anciens traités théologiques sur la chasteté, par

Fr. Rappo da Santerentio (*Bologna*, 1515, in-4°), par Bern. Schardeoni (*Venet.*, 1542, in-8), etc.

Ant. Boneinii, De pudicitiâ conjugali et virginali. *Basileæ*, 1572, in-8°.

Propugnaculum castitatis ac pudicitiæ, fortitudinis, constantiæque tam virginum quam uxorum, quæ ad evitandam impudicitiæ notam, omnia persequutionum genera, vel sponte, vel coactæ subierunt, etc. *Basileæ*, 1575, in-8°.

R. D. G. M. ad peccatorem sodomitam ut cognoscat quam ceteris criminibus crimen sodomiticum sit detestabilius, capita VIII. *S. n. et s. a.* (vers 1500), in-4° goth. de 9 ff.

(Pierre Grosnet.) Haud inutile libidinis, sive luxuriæ dehortamentum, cum laicis tum ecclesiasticis viris utilissimum. *Parisiis, ap. Dionys. Janotium*, 1536, in-16.

Le Fléau des putains et des courtisanes. *Paris, Jacq. Le Roy*, 1612, p. in-8° de 22 p.

Cl. Lebrun de la Rochette. Electuaire souverain contre la paillardise, peste contagieuse des âmes. *Lyon, P. Rigaud*, 1615, in-12.

M. L. P. (Math. le Picard, curé de Menil-Jourdain.) Le fouet des paillards, ou juste punition des voluptueux et charnels, conforme aux arrêts divins et humains. *Rouen, Vereul*, 1623 ou 1628, in-12.

PIÈCES JUSTIFICATIVES

FRANCE, XVIᵉ SIÈCLE. — RUFFIANS ET RIBAUDES.
Fac-similé d'une gravure en bois du XVIᵉ siècle. (Bib. Nat. de Paris. *Imprimés.*)

PIÈCES JUSTIFICATIVES

I

Code des Wisigoths. — *Loi du roi Reçarède.*

Cap. XVII. Fls ols reds rex. — De meretricibus ingenuis vel ancillis aut si earum scelus judices perquirere vel corrigere noluerint.

Si aliqua puella ingenua sive mulier, in civitate publicè fornicationem exercens, meretrix agnoscatur et frequenter deprehensa in adulterio, nullo modo erubescens, jugitei multos viros per turpem suam consuetudinem adtrahere cognoscitur, hujusmodi a comite civitatis comprehensa trecentenis flagellis publicè verberetur et discessa ante populum dimittatur : sub ea conditione ut postmodum in turpibus vitiis nullatenùs deprehendatur, nec unquam in civitatem ei veniendi aditus detur. Et si postmodum ad pristina facta rediisse cognoscitur, iteratim a comite civitatis trecentena flagella suscipiat, et donetur a nobis alicui pauperi ubi in gravi servitio permaneat, et nunquam in civitate ambulare permittatur. Et si fortè contingat, ut cum conscientiâ patris sui vel matris adulterium admittat, ut, quasi per turpem consuetudinem, et conversationem victum sibi vel parentibus suis acquirere videatur, et ex hoc pater vel mater fuerint pro hac iniquâ conscientiâ fortasse convicti, singuli eorum centena flagella suscipiant. Si vero ancilla cujuscunque in civitate simili conversatione habitare dinoscitur, a judice correpta trecentis flagellis publicè verberetur et decalvata domino reformetur, sub eâ conditione ut eam longiùs à civitate faciat conversari; aut certè tali loco transvendat ubi penitus ad civitatem accessum nom habeat. Quod si forsitan nec ad villam transmittere, nec vendere voluerit et hæc iterum ad civitatem reversa fuerit, hujusmodi dominus in conventu publicè quinquaginta flagella suscipiat. Ipsa vero ancilla donetur alicui pauperi quem Rex, vel Judex, aut Comes eligere voluerint; ita ut postmodum ad eamdem civitatem illi veniendi aditus non præstetur. Quod si contigerit ut cum domini voluntate adulterium commisisset, adquirens per fornicationem pecuniam domino suo, et ex hoc publicè fuerit convictus, ipse dominus eundem numerum flagellorum, qui superiùs de eâdem continetur ancillâ, suscipiat. Similiter et de ipsis præcipimus custodiri quæ per vicos et villas in adulterii consuetudine fuerint deprehensæ. Quod si Judex, per negligentiam aut fortassè beneficio retentus, talia vitia requirere, aut contestari, vel distringere noluerit, a comite civitatis c. flagella suscipiat, et xxx solidos reddat ei cui a nobis fuerit ordinatum (F. Paulus Canciani. *Barbarorum leges antiquæ*, cum notis et glossariis, etc. Venetiis, 1781, 4 vol. in-f., tom. IV, p. 97, leges Wisigothorum, lib. iii, tit. iv, de Adulteriis.)

INTÉRIEUR D'UN CABARET ALLEMAND.
(XVIe siècle.)

II

LOIS LOMBARDES. — *Lois de Rotharis*

Cap. CXCVIII. Si quis puellam, aut mulierem liberam, quæ in alterius mundio est, fornicariam aut strigam clamaverit, et pulsatus pœnitens manifestaverit, se per furorem dixisse, tunc præbeat sacramentum cum duodecim sacramentalibus suis, quod per furorem ipsum nefandum crimen dixisset, et non de certa caussa cognovisset. Tunc pro ipso vano improperii sermone, quod non convenerat loqui, componat solidos xx, et ampliùs non calumnietur. Nam si perseveraverit, et dixerit se probare posse, tunc per Campionem caussa, id est per pugnam, ad Dei judicium decernatur. Et si probatum fuerit, quod illa de ipso crimine sit culpabilis, componat sicut in hoc edicto legitur. Et si ille qui hoc crimen mittit, probare non potuerit, Widrigild ipsius mulieris, secundum nativitatem suam componere compellatur. (F. PAULUS CANCIANI. *Barbarorum leges antiquæ*, t. I, p. 79, ROTHARIS LEGES.)

INTÉRIEUR DE LA MAISON D'UNE COURTISANE. (FRANCE, XVᵉ SIÈCLE.)

III

CAPITULAIRES DE CHARLEMAGNE.

CAPITULARE DE MINISTERIALIBUS PALATINIS., . anno Christi 800. Karoli M. 32.

Cap. I. Ut unusquisque ministerialis palatinus, diligentissimâ inquisitione discutiat primo homines suos, et posteâ pares suos, si aliquem inter eos vel apud vos ignotum hominem vel meretricem latitantem invenire possit. Et si inventus homo aliquis aut femina hujusmodi fuerit, custodiatur ne fugere possit, usquè dum nobis adnuntietur. Et ille homo qui talem hominem, vel talem feminam secum habuit, si se emendare noluerit, in palatio nostro observetur. Similiter volumus ut faciant ministeriales dilectæ conjugis nostræ, vel filiorum nostrorum.

Cap. II. Ut Ratbertus actor per suum ministerium, id est, per domos servorum nostrorum, tam in Aquis quam in proximis villulis nostris ad Aquis pertinentibus, similem inquisitionem faciat, Petrus vero et Gunzo per scruas et alias mansiones servorum nostrorum similiter faciant. Et Ernaldus per mansiones omnium negotiatorum, sive in mercato, sive aliubi negocientur, per christianorum vel judæorum mansionari**** nostrorum eo tempore quando illi seniores in ipsis mansionibus non sunt.

Cap. III. Volumus atque jubemus ut nullus de his qui nobis in nostro palatio deserviunt, aliquem hominem propter furtum, aut aliquem homicidium vel adulterium, vel aliud aliquod crimen ab ipso perpetratum, et propter hoc ad palatium nostrum venientem, atque ibi latitare volentem, recipere præsumat. Et si liber homo hanc constitutionem transgressus fuerit, et talem hominem. . . . . . fuerit, in collo ad mercatum portare debere . . . . . . deinde ad cippum in quem idem malefactor mittendus est. Si autem servus fuerit qui hanc nostram jussionem severare (servare) contempserit, similiter illum malum factorem in collo suo usque ad cippum deportet, et ipse postea in mercatum adducatur, et ibi secundum merita sua flagelletur. Similiter de gadalibus et meretricibus volumus ut apud quemcunque inventæ fuerint, ab eis portentur usque ad mercatum, ubi ipsæ flagellandæ sunt. Vel si noluerit, volumus ut simul cum illa (illis) in eodem loco vapuletur. (C. BALUZE. *Capitularia regum francorum*. Parisiis, 1780, in-fol; t. 1er, p. 342.)

IV

ORDONNANCES DES ROIS DE FRANCE.

N° 1. *Ordonnance du roi Louis IX pour la réformation des mœurs dans le Languedoc et le Languedoil.* — Décembre 1254.

Art. 27. Item soient boutées hors communes ribaudes tant de champs comme de villes, et faites les monitions ou défenses, leurs biens soient pris par les juges des lieux, ou par leur autorité, et si soient dépouillées jusqu'à la cote, ou au pelicon; et qui louera maison à ribaudes, ou recevra ribauderie en sa maison, il soit tenu de payer au bailli du lieu ou au prévost ou au juge autant comme la pension vaut en un an. (*Ordonnances des Rois de la troisième race*, tom. 1er, pag. 74 bis.)

N° 2. *Seconde publication de l'ordonnance précédente, à laquelle sont ajoutées des dispositions nouvelles. — Tolérance de la Prostitution.* — Paris, 1256.

Art. 9. Nous voulons de rechief et establissons que tous

nos *seneschaux* (1), baillis et tous nos autres officiauls et *servicials, de quelque estat ou condition que il soient*, se tiegnent de dire paroles qui tourne en despit de Dieu, *de Nostre Dame sainte Marie* et tous les saints et *saintes*, et se gardent de jeu de dez, *de bordeaux* et de tavernes.

Art. 10. Item *que la forge des dez soit deffendue et devée par tout nostre royaume et tout homme qui sera trouvé jouant aux dez, communement ou par commune renommée frequentant taverne ou bordel, soit reputé pour infâme et débouté de tout témoignage de vérité.*

Art. 11. Item que toutes les *foles fammes* et ribaudes communes soient boutées et mises hors de toutes nos bonnes cités et villes, *especiallement qu'elles soient boutées hors des rues qui sont en cuer des dites bonnes villes, et mises hors des murs et loing de tous lieus saints, comme églises et cimetières;* et quiconque loëra maison nulle ès dites citez et bonnes villes, et lieus à ce non establis, à folles femmes communes ou les recevra en sa maison, il rendra et payera aux establis à ce garder de par nous, le loyer de la maison d'un an. (*Ordonnances des Rois de la troisième race*, tom. I, p. 79.)

N° 3. *Lettre de saint Louis à Mathieu, abbé de Saint-Denis, et à Simon de Nesle.* — Aiguemortes, 25 juin 1269.

(5) *Ceterum notoria* et manifesta prostibula *quæ fidelem*

---

(1) Les mots soulignés ne se trouvent pas dans l'ordonnance de 1254.

populum suâ fœditate maculant, *et plures* protrahunt in perditionis interitum, *penitùs exterminari* præcepimus, *tam in villis quàm extrà, et ab aliis* flagitiis et flagitiosis hominibus, ac malefactoribus *publicis* terram nostram *plenius expurgari.* Ecclesias *etiam et personas* ecclesiasticas, a manifestis *injuriis et violentiis defensari,* etc. (*Ordonnances des Rois de la troisième race,* tom. I, p. 105.)

N° 4. *Lettres de Charles V, qui défendent aux propriétaires et aux locataires des maisons situées dans la rue Chapon, à Paris, de les louer à des femmes de mauvaise vie, et à elles d'y demeurer.* — Paris, 3 février 1368.

Karolus Dei gratiâ Francorum rex : Preposito nostro Parisiensi, aut ejus locum tenenti : salutem. Cum in recordationis inclite, beati Ludovici quondam Francorum regis, ordinacionibus, inter cetera caveatur, ut publice meretrices, de villa, per locorum justiciarios expellantur, et factis prohibicionibus, eorum bona per dictos justiciarios capiantur, vel eorum auctoritate occupentur, eciam usque ad tunicam, vel pelliceam; et si quis, publice meretrici, scienter domum locaverit, quantum valet pensio sive locagium domus, uno anno, judici loci solvere teneatur; sintque nonnulli domos habentes in vico Capponis, propè cimiterium beati Nicolai de Campis, et juxta manerium dilecti et fidelis consiliarii nostri, Episcopi Cathalanensis, ubi sunt loca honnesta, qui domos predictas locare, aut ad annuum censum tradere talibus meretricibus, nedum in dicte ordinationis elusionem et contemptum, sed etiam in animarum suarum periculum, et plurimorum Burgensium Parisiensium, et aliarum honestarum personarum ibidem habitaciones et ortos habentium; non verentur : mandamus vobis, quatenus dictarum domorum ut predicitur, lupanariorum dominos seu possessores aut conductores (locataires) et detentores, moneri faciatis, et mandetis inniberi ne domos predictas talibus meretricibus, locent aut accommodent, aut ipsas alio titulo habitare faciant vel permittent; et eisdem meretricibus, quod ibidem sua lupanaria ulterius de cetero non teneant, scituros contrarium facientes, se dictam penam, et aliam prout casus inobedientie exegerit, incursuros; quam penam, ab ipsis contrarium facientibus, exigere et levare absque dilacione qualibet, et sublatis quibuscumque favoribus, non omittatis, ut saltem metu pene, dictus vicus, et boni vicini inibi conversacionem habituri, in securitate et tranquillitate pacis, rejectis spurciciis, valeant romanere. *Datum Parisius, die tertia februarii, an. Dom. millesimo trecentesimo sexagesimo octavo; regni vero nostri quinto.*

Collacion faite à l'original scellé en cire jaune à simple queue. Ainsi signé : Per regem ad relacionem consilii Douhem renovata ad instar alterius sigillate. (*Ordonnances des Rois de la troisième race*, tom. V, p. 164.)

N° 5. *Lettres de Charles VI, qui portent que les ordonnances de saint Louis seront exécutées contre ceux qui loueront à des femmes publiques des maisons situées dans les rues nommées dans ces Lettres.*—Paris, 3 août 1381.

Karolus Dei gracia Francorum rex : Preposito Parisiensi

aut ejus locumtenenti : salutem. Cum in recordacionis inclite beati Ludovici domini et predecessoris nostri ordinacionibus inter cetera caveatur; ut publice meretrices tam de campis quam de villis per locorum justiciarum (justiciarium) expellantur ; et factis monicionibus sive prohibicionibus, bona eorum per dictos justiciarios capiantur, vel eorum auctoritate a quolibet occupentur, eciam usque at tunicam vel pellicium ; etsi qui publice meretrici scienter domum locarunt, quantum valet pensio domus uno anno Baillivo loci vel judici solvere teneantur ; sintque nonnulli in vicis dictis *Beaubourc; Gieffroy l'Angevin; des Jongleurs; de Simon le Franc;* circa Sanctum Dyonisium de carcere; et de fonte *Maubué Par.* domos habentes seu tenentes ad censum vel aliter; qui domos predictas locare, aut ad annuum censum tradere talibus meretricibus, nedum in dictarum ordinacionum elusionem et contemptum, sed eciam in nostrarum suarum (que animarum?) periculum et vicinorum bonorum scandalum; non verentur : mandamus vobis quatenus dictorum (dictarum) domorum dominos; seu possessores aut detentores moneatis, et eisdem ex parte nostra inhibeatis; ne domos praedictas talibus meretricibus locent seu accomodent; aut ipsa alio quovis titulo habitare faciant aut permittant : scituri contrariam facientes; se dictarum ordinacionum penam, et aliter; prout inobediencie casus exigerit; incursuros; quam penam ab ipsis contrarium facientibus exigere et levare absque dilacione qualibet; et sublatis quibuscumque favoribus; non obmittatis; ut saltem metu pene dicti vici et boni vicini inibi habitantes; in securitate et tranquillitate pacis; rejectis spurciciis valeant permanere. *Datum* Parisius *die tercia augusti* an. *Dom. millesimo* ccc *octogesimo primo, et regni vero nostri primo.* Ainsi signé : Per consilium J. DE LUZ.

Collation faite à l'original qui fu rendu. (Ordonnances des Rois de la troisième race, tom. VI, p. 611.)

N° 6, *Lettres de Charles VI, qui règlent la marque que les filles de joie de la ville de Toulouse doivent porter sur leurs habits.* — Toulouse, décembre 1389.

Charles, etc., sçavoir faisons à touz présens et à venir que oye la supplication qui faicte nous a esté de la partie des filles de joye du bourdel de nostre ville de Thoulouse, dit la Grant Abbaye, contenant que cause de pluseurs ordennances et deffenses à elles faictes par les Capitoux et autres officiers de nostredicte ville sur leurs robes et autres vestures, il ont souffert et soustenu pluseurs injures, vituperes et dommages, seuffrent et soustiennent de jour en jour, et ne se pevent pour ce vestir ne assegnier à leur plaisir, pour cause de certains chaperons et cordons blans, à quoy elles sont astraintes porter par icelle ordenances sanz nostre grâce et licence, requerans que nous leur veuillons, à nostre joyeux advenement, que fait avons presentement en nostredicte ville, leur faire grâce, et les mettre hors d'icelle servitute. Pourquoy nous, attendues les choses dessus dictes, désirans à chascun faire grâces et tenir en franchise et liberté les habitans, conversans et demourans en nostre Royaume, avons, à nostre dict advenement, fait en nostredicte ville, ordonné et ordonnons, et par ces présentes, de grâce espécial et de nostre auctorité Royal, avons octroyé et octroyons auxdites suppliantes que doresenavant elles ne leurs successeurs en ladicte Abbaye portent et puisse porter et vestir telles robes et chapperons et de telles couleur comme elles vouldront vestir et porter, parmi ce qu'elles seront tenues de porter entour l'un de leurs bras une Ensaingne ou difference d'un jaretier en lisière de drap d'autre couleur que la robe qu'il auront vestue ou vestiront, sanz ce que elles en soient ou puissent estre traittés ne approuchies pour ce en aucune Amende; nonobstant les Ordenances ou deffenses dessus dictes ne autres quelconques au contraire. Si donnons en mandement par ces Présentes au *Seneschal* et Viguier de *Thoulouse*, et à touz noz autres Justiciers et Officiers présens et à venir, ou à leurs lieuxtenans, et à chascun d'eulx, si comme à lui appartendra, que de nostre présente grâce et octroy facent lesdictes suppliantes et celles qui, ou temps à venir, seront et demourront en l'Abbaye dessus dicte joïr, et user paisiblement et perpetuellement, sanz les molester ne souffrir estre molestées, ores ne pour le temps à venir en aucune manière ; maiz se il trouvoient le contraire estre fait, si le remettent ou facent mettre en estat deu, ces lettres vues, sanz delay. Et que ce soit ferme chose et estable à tousjours, nous avons fait mettre nostre séel ordené en l'absence du grant, à ces présentes. Sauf en autres choses nostre droit, et l'autrui en toutes.

Donné à Thoulouse ou moys de décembre l'an de grâce ccc iiii^{xx} *et neuf, et le dixième de nostre règne. Par le Roy en ses Requestes, esquelles estoient mons. l'evesque de Noyon, le vicomte de* Meleun, *mess.* Engueriau Deudin, *et* Jehan d'Estouteville. P. **de Saus,** L. **d'Orl...** (*Ordonnances des Rois de la troisième race* tom. VII, p. 327.)

N° 7. *Lettres de Henri VI, roi d'Angleterre, soi-disant roi de France, par lesquelles il défend aux femmes de mauvaise vie de demeurer à Paris dans le lieu dit Baillehoé, près le cloître Saint-Merry, à Paris.* — Paris, avril, 1424.

Henry, par la grâce de Dieu, Roy de France et d'*Angleterre*, savoir faisons à tous présens et advenir, à nous avoir été humblement exposé, de la partie des marregliers et paroissiens de l'Église de *Saint-Merry, à Paris*, disans comme ladicte église ait esté d'anciennneté, et de tel temps qu'il n'est à présent mémoire du contraire, et encores soit l'une des notables paroisses, Eglise collegial de ceste nostre bonne ville de *Paris*, et assise en l'une des notables rues et places d'icelle ville, en laquelle paroisse soient demourans, manans et habitans, plusieurs gens notables de divers estaz et condicions, lesquelz pour cé que la dicte paroisse est de grant circuité et estendue, viennent de plusieurs rues, comme des rues *Neufve-Saint-Merry*, de *Sainte-Croix, Symon-le-Franc, Beaubourg*, la *fontaine Maubué* et d'autres notables lieux, à la destre d'icelle Église et Paroisse par un lieu que l'on dit *Baillehoe*, estans assis auprès et comme joingnant de ladicte Église, auquel lieu de *Baillehoe* siéent, sont et se tiennent continuelment femmes de vie dissolue et communes, que on dit bordelières, lesquelles y tiennent clappier et bordel publique, qui est chose très mal séant et non convenable à l'honneur qui doit estre defferé à l'Église et à un chacun bon catholique, de mauvais exemple, vil et abhominable, mesmement à gens notables, honorables et de bonne vie comme sont lesdits Exposans; et avec ce plusieurs autres maulx, perils et inconveniens s'en pevent ensuir de jour et de nuit ausdis Exposans et autres noz subgiez fréquentans icelle Église; en nous humblement requerans que pour l'onneur et révérence de Dieu, de ladicte Église, et du service divin qui par chacun jour, et à toutes heures canoniaux notablement est fait en icelle Église, et aussi en faveur d'iceulx exposans, de leurs femmes et enfans, et pour donner exemple de honneste, bonne vie et doctrine, et eschever tous inconveniens qui à l'occasion de ce que dit est pourroient ensuir ou temps advenir, nous de nostre grâce les vueillons sur ce pourveoir de remède condescent et convenable. Pour quoy nous, ces choses considérées, ayans principalement consideration et regard à l'onneur de saincte Église, en memoire et reverence de Dieu nostre createur, du benoist corps *Sainct Merry*, et du service divin, et voulans oster à notre povoir toutes occasions de pechier, et de mener mauvaise et dissolue vie, en faveur aussi des dis exposans, leurs femmes et enfans, qui souventeffois comme l'en dit, ont laissié à venir à ladicte Église, à l'occasion dudit bordel; considerant aussi que en nostredicte ville a moult d'autres lieux et places ordonnées à ce, et mesmement assés près d'ilec, comme au lieu que l'en dit la *Cour Robert*, et ailleurs plus loing de l'Église, pour retraire lesdictes femmes, qui sont comme non habitées; par l'advis et délibéracion de nostre grant conseil, avons voulu et ordonné, voulons et ordonnons par manière de Édit, et ausdis Exposans avons octroyé et octroyons de nostre pleine puissance, auctorité royal, et grâce especial par ces présentes, que doresenavant, en ladicte rue *de Baillehoe*, no environ icelle Église de *Saint-Merry*, plus près que ledit lieu de la *Cour Robert*, ne ait, se tiengnent, repairent ou demeurent de jour ou de nuict, femmes quelzconques estans de la vile condicion dessusdicte, en quelque manière que ce soit ; mais nous plaist et ordonnons par Édict irrévocable, que tantost ces lettres veues, elles soient contrainctes de fait à vuider hors de tous poins d'icelle rue, par prise de corps se mestier est, et autrement par toutes voies deues et raisonnables, sans ce que elles ne autres de ladicte condicion, ores ne pour le temps advenir, y puissent retourner, estre ne demourer, tenant la vie dessus dicte. Si donnons en mandement par ces presentes, au *Prevost de Paris*, et à tous noz autres justiciers presens et advenir ou à leurs lieuxtenans, et à chacun d'eulx, si comme à lui appartendra, que lesdis Exposans, de nostredicte grâce, octroy, Édit et Ordonnance, facent, seuffrent et laissent joïr et user plainement et paisiblement, en enterinant et mectant iceulx noz Édicts, Ordonnance et voulenté à execucion par la forme et manière que dessus est dit, sans leur souffrir estre fait, mis ou donné aucun destourbier ou empeschement au contraire ; mais s'aucun leur estoit fait, mis ou donné, ilz le ostent et facent oster incontinent ; et afin que ce soit ferme chose et estable à tousjours, nous avons fait mettre nostre Séel à ces presentes, sauf en autres choses nostre droit, et l'autruy en toutes. *Donné à Paris, ou mois d'avril, l'an de grâce mil CCCC XXIIII, et de nostre règne le tiers.* Ainsi signé : Par le roi, à la relacion du conseil : Oger. (*Ordonnances des Rois de la troisième race*, tom. XIII, p. 46.)

N° 8. *Lettres de Charles VII au sujet des femmes publiques de Toulouse.* — Toulouse, 13 février 1424 (1425).

Carolus, Dei gratiâ, Francorum rex : ad supplicationem dilectorum nostrorum Capitulariorum *Tolosæ*, seu eorum syndici, et dictæ villæ ac Universitatis nostræ *Tolosæ*, nobis humiliter expositum fuit, quod cum dicti Capitularii, seu Universitas dictæ villæ a longo tempore tenuerint et possiderint, et de præsenti teneant ac possideant suo bono jure et justo titulo, in præsenti civitate, quoddam hospitium vulgariter vocatum *bordelum*, sive hospitium commune, situatum infra civitatem *Tolosæ*, et antè clausuras civitatis predictæ ac propè portam vocatam *portam Crosarum*, in quo hospitio a longo tempore citra, moratæ fuerunt seu morari consueverunt mulieres vocatæ mulieres publicæ, sive, *las fillas communes*, et de præsenti etiam moram trahant ; in quo quidem hospitio, dicti domini de Capitulo, seu eorum Thesaurarius recipiebant quolibet anno à dictis mulieribus seu arrendatoribus, commodum magnum, quod convertebatur ad utilitatem dictæ villæ, et de præsenti cessent recipere ; attento quam maxime cùm de die in diem, nocteque et frequenter omnibus horis, incessanter in dicto hospitio, quam plures ribaldi, lenones, et malevoli accedant, qui quidem ribaldi, lenone et malevoli non verentes Deum, neque justitiam, cùm sint imbuti maligno spiritu, tam in dicto hospitio, quam etiam in personis dictarum mulierum et earum familiæ, et in bonis earumdem, quamplurima damna, violentias, oppressiones, injurias, fracturas per vim et violentiam committant, frangendo portas dicti hospitii, et camerarum ejusdem intus existentium, destruendo dictum hospitium, diruendo tectum, et in quamplurimis aliis partibus ejusdem verberando vituperotè et atrociter dictas mulieres ibidem existentes, et easdem injuriando et male tractando, teneant ; quod verisimiliter dubitent dicti supplicantes in futurum in dictâ possessione et personis mulierum quæ nunc sunt et pro tempore futuro erunt, ac in bonis et familiâ earumdem, per nonnullos ribaldos, lenones, malevoles, dicta damna, vic'entias, oppressiones, injurias eisdem fieri seu inferri, et per consequens dicti exponentes, amitterent dictum commodum et remanerent læsi ab eorum juribus et utilitate : super quo Nobis humiliter supplicarunt ut de remedio opportuno, seu condecenti, et benignitate regiâ eisdem providere dignaremur. Nos igitur, corumdem exponentium in hâc parte supplicationibus inclinati, et ut dictæ mulieres communes, bonaque earum universa, et servitores seu familiares earumdem, ac hospitium dictæ villæ et Universitatis nostræ *Tolosæ*, talibus injuriis, damnis, violentiis, oppressionibus per nonnullos in futurum verisimiliter inferendis, defendi valeant et tueri, et in eorum juribus remaneant illæsi ; dictas mulieres quæ nunc sunt, seu habitant, aut pro tempore futuro habitabunt in dicto hospitio, cum eorum bonis rebusque universis ac familiaribus in eodem hospitio commorantibus, et habitantibus, nunc aut in futurum, et dictum hospitium superius designatum, dictæ villæ et Universitatis nostræ *Tolosæ*, in et sub protectione, tuitione, salvâ et speciali gardiâ nostrâ, ad eorum jurium et villæ ac universitatis predictæ conservationem dumtaxat, suscipimus et ponimus per præsentes. Mandamus *Senescallo* et vicario nostris *Tolosæ*, aut corum locatenentibus, cæterisque justiciariis et officiariis nostris, et eorum cuilibet, quo nunc sunt aut pro tempore erunt, quatenùs dictas mulieres nunc vel in tempus futurum habitantes in dicto hospitio, et earum familiares, in suis justis possessionibus, usibus, juribus, franchisiis, libertatibus et saisinis, in quibus ipsas et earum prædecessores fuisse pacifice, et ab antiquo inveneritis, manuteneatis, tueamini, et debitò defendatis, et conservetis, ac de personis de quibus assecuramentum habere requisierint, illud eisdem, juxta patriæ consuetudinem, bonum præstari faciatis, et ipsas defendatis, seu defendi faciatis ab omnibus injuriis, violentiis, gravaminibus, damnis, oppressionibus, molestationibus, vi armorum, potentia laicorum, ac novitatibus indebitis quibuscumque; non permittentes contra ipsas mulieres, ac earum familiares, res et bona earumdem, hospitium in quo habitant seu habitabunt, aliquas fieri aut inferri injurias, aut indebitas novitates; quas si factas esse vel fuisse inveneritis, ad statum pristinum et debitum reducatis, seu reduci faciatis indilatò, et nobis et dictis supplicantibus mulieribus emendam condignam præstari, præsentemíque salvam gardiam nostram in locis et personis, uti et prout expedierit, publicari et intimari faciatis, penicellosque seu bacculos cum floribus lilii depictos, in signum hujusmodi specialis salvæ gardiæ et tuitionis nostræ, in dicto hospitio, possessione, et bonis prædictis dictæ villæ et Universitatis, ac dictarum mulierum juribus, quæ jure scripto reguntur situatæ, et alibi in casu imminentis periculi apponi et affigi faciatis, inhibendo seu inhiberi faciendo ex parte nostrâ, sub certis pœnis nobis applicandis, omnibus et singulis de quibus expedierit, et fueritis requisiti, ne contra dictas mulieres, servitores seu familiares, res, bona earumdem, possessionemque dictorum exponentium villæ et universitatis prædictæ, aliquid forefaciant, seu forefacere presumant, nec vos id fieri permittatis. Et pro præmissis diligentius exequendis, unum vel plures Servientes nostros regios eisdem supplicantibus suis sumptibus deputetis, si super hoc fu eritis requisiti, qui tamen de iis quæ causæ cognitionem exigunt se nullatenùs intromittant. *Datum Tolosæ die decimâ tertiâ mensis februarii, anno Domini millesimo CCCC XXIIII et regni nostri tertio. Per Regem ad relationem consilii* : R. TARAVELLI. (*Ordonn. des Rois de la troisième race*, tom XIII, p. 75.)

Lettres de Charles VIII, qui confirment des lettres précédemment accordées à Guillaume de la Croix, Guill. Panais et Jacquete, femme de Jacques Buccelli, pour l'établissement à Montpellier, hors de la ville, d'une maison destinée à l'habitation des filles communes. — Amboise, juillet 1489.

Charles, par la grace de Dieu, Roy de France, à tous ceulx qui ces présentes lettres verront, salut. L'umble supplication de notre amé et feal conseiller et l'un des tresoriers de noz guerres, Guill. de la Croix, et de Guill. Panais, et Jacquete, femme de Jacques Bucelli, habitans de notre ville de Montpellier, avons receu, contenant que pieça feu notre très cher seigneur et père que Dieu absoille, octroya ausdits de la Croix et Panais, supplians, ses lettres patentes confirmatives de plusieurs ordonnances et appointemens declairez dedans lesdites lettres, dont la teneur s'ensuit et est telle :

Loys, par la grace de Dieu, roy de France, etc. Receu avons l'umble supplication de noz bien amez Aubert Panais, et Guillaume Panais, héritiers de feu Clare Pantis et de Guillaume de la Croix, changeurs, tous habitans de notre ville de Montpellier, contenans que, de toute ancienneté, est de coustume en notre païs de Languedoc, et especialement ès bonnes villes dudit païs, estre etablie une maison et demourance au dehors desdites villes pour l'habitacion et residence des filles communes, tant de celles qui y font residence que autres passans et frequentans ledit pays ; et soit ainsi que à iceulx supplians, tant aioinctement que divisement, appartienne certaine maison située hors les murs de notredite ville de Montpellier, au lieu communement appelé *le Bourdeau*, en laquelle les filles communes et publicques ont acoustumé de faire leur demourance, et y resider de jour et de nuit, en l'ancienne partie de laquelle maison lesdits supplians ont fait construire et édiffier a leurs propres coustz et despens certaines estuves et baings pour lesdites filles, et en icelle construction et edifficacion ont fait de grandes et somptueuses despenses afin d'eschever (d'éviter) que elles n'allassent estuver ne baigner en ladite ville ne ailleurs pour les inconveniens qui se pourroient en suir : aussi que autresfoiz a cause desdites estuves et maisons aient esté faictes certaines ordonnances et appointemens sur le fait et gouvernement de ladite maison et estuves par le recteur de la part antique de notredite ville de Montpellier ou son lieutenant qui pour lors estoit, entre lesquelz est appointé et contenu que lesdits supplians seroient tenus de nous paier, ou à notre receveur pour et au nom de nous, chacun an, la somme de cinq livres tournois, a certaines paies et solutions, ainsi que plus à plain lesdits exposans dient estre contenu en certain instrument publicque sur ce fait et passé, moyennant toutes voyes que dès lors en avant nulles personnes, de quelque estat ou condicion qu'ilz soient, ou feussent, ne pourroient faire ou faire faire en la part antique de notre dite ville de Montpellier, nul Bourdeau, cabaret, hostellerie, ne autres estuves pour loger, retraire ne estuver lesdites filles communes, sur peine de perdre et confisquer lesdites maisons, bourdeau, cabaret ou estuves, ainsi que de longtemps ilz dient ce avoir esté tenu, gardé et observé, et en apparoir par instrument publique, et du consentement des filles qui pour lors y estoient. Et en oultre dient iceulx exposans avoir esté faiz sur ce certains edictz et statuz par feu le roy Loys, notre predecesseur dès l'an mille cc cinquante quatre, entre les clauses desquelz est escripte celle qui s'ensuit :

Expellantur autem publice meretrices, etc. (Voir ci-dessus l'Ordonnance de saint Louis.)

Et après en suivant est escript es dits statuz :

Qui vero domum publice, etc. (Id.)

Lesquelz statuz dient iceulx exposans avoir esté derrenierement par nous generallement confermez, au mois de may l'an mille cccc soixante deux ; mais que ces choses nonobstant, puis naguères, ung nommé Paullet Dandrea, habitant de ladite ville, par envie ou autrement, a voulu retirer ou accueillir lesdites filles communes en une sienne maison située au dedans de notre dite ville en la partie de la Baillie, et de fait les y avoit retirées et accueillies ou parties d'icelles, mais les consulz et habitans de notre dite ville et aussi aucuns gens d'église voisins de ladite maison, à qui ce préjudicoit et touchoit, voyant la chose estre en grant vitupère et deshonneur et de très mauvais exemple des femmes mariées, bourgoyses et autres, et de leurs filles et servantes, et mesmement pour les scandales et inconveniens qui s'en pouvoient avenir, firent sur ce complaintes aux sire de Montagu, lors senechal de Limosin, maistres Jehan Hebert et François Halle, lors conseillers de deffunct de bonne mémoire notre très-cher seigneur et père que Dieu absoille, et par lui lors envoyez pour assister aux trois estaz de notre pais de Languedoc assemblez en notre dite ville de Montpellier, au mois de decembre 1458, et leur en baillerent requeste, laquelle par eulx veue, bien entendue, firent appeler notre procureur en ladite ville et aussi ledit Dandrea pour oyr le contenu de ladite requeste, et après lecture d'icelle faite en la présence dudit Dandrea non contredisant, fut icellui Dandrea, par lesdits sires de Montagu, Hebert et Halle, et du consentement du gouverneur de notre dite ville de Montpellier et d'autres noz officiers, faite inhibicion et deffense, sur peine de dix marcs d'argent, et aussi présent nostre dit procureur, que doresenavant il ne recueillist ne souffrist recueillir, loger, ne frequenter, en sadite maison située en notre ville aucunes filles publicques ou communes, et que se aucunes en y avoit ou soustenoit, qu'il les mist ou fist mectre hors et vuyder incontinent, et qu'elles retournassent au lieu public-que ou elles avoient et ont acoustumé estre et se doivent tenir; lesquelles ordonnances et appointemens l'on dit avoir esté par noz senechal de Beaucaire, gouverneur, recteur, et notre procureur de notre dite ville de Montpellier, approuvez et confermez. Et pour ce que lesdits exposans, adjoinct avec eulx notre procureur, nous ont humblement et instanment fait requerir que, actendues les choses dessusdites, et afin d'eschiver les questions, noises et desbatz qui en pourroient advenir, il nous plaise confermer lesdits appointemens et ordonnances ainsi que dessus est dit, emologuées, ratiffiées et approuvées, et sur ce leur pouveoir de noz grâce et remede convenable, humblement requerant iceulx. Pour ce est-il que nous, ces choses considérées et mesmement ladite redevance à nous deue à la cause que dessus, les dessus dits appointemens et ordonnances ainsi que dit est emologuées, approuvées et ratiffiées, avons de nostre grâce especiale, plaine puissance et auctorité royale, confermées et confermons par ces presentes, parmy ce que (à condition que, moyennant que) lesdits supplians seront tenus paier lesdites cinq livres tournois par chacun an, ainsi et par la manière que contenu et declairé est ès dites ordonnances et appointemens, sans ce que aucun puisse doresenavant eddiffier ne establir autre maison ou lieu publicque pour l'abitacion desdites filles communes, autrement soit en le rectorie ou baillie de notre dite ville ou ailleurs que celle dessus declairée, appartenant ausdits exposans comme dit est. Si donnons en mandement, par cesdites présentes, au seneschal de Beaucaire, gouverneur, recteur et baille de notre ville de Montpellier et à tous noz autres justiciers ou à leurs lieux-tenans, présens et advenir, et à chacun d'eulx si comme à lui appartiendra, que de notre présente grâce, confirmacion, et octroy et de tout le contenu esdites lettres dessus incorporées, ilz facent, seuffrent et laissent lesdits supplians, leurs dits héritiers et successeurs et cause ayans, joir et user plainement et paisiblement, sans leur faire, mectre ou donner, ne souffrir estre fait, mis ou donné, ne à leurs dits hoirs, successeurs et cause ayans, ores ne pour le temps advenir, aucun destourbier ou empeschement au contraire en aucune manière, lequel se fait, mis ou donné leur avoit esté ou estoit, si l'ostent et mectent tantost et sans delay au neant et aux premier estat et deu, car ainsi nous plaist-il estre fait. En tesmoing de ce, nous avons fait mectre notre scel a ces dites présentes.

Donné aux Montilz-lez-Tours le sixième jour de décembre, l'an de grâce mil cccc soixante neuf, et de notre règne le neufviesme.

Ainsi signé : par le Roy, Monseigneur le duc de Bourbon, le sire de la Forest, et autres presens. DE CERISAY.

Au moyen desquelles lettres dessus transcriptes, lesdits supplians ont joy et encores joissent du dedans contenu et declairé, mais ilz doubtent que aucuns leur voulsissent en la joyssance des choses dessus declairées en icelles lettres, donner destourbier ou empeschement, pour laquelle cause, iceulx supplians nous ont supplié et requis, et par noz chers et bien amez les conseilz de notre dite ville de Montpellier, fait requérir, que pour le bien et intérêt de la chose publique d'icelle ville, notre plaisir soit confermer lesdites lettres dessus transcriptes, et sur ce leur impertir notre grâce et provision convenable. Pour ce est-il que nous, ces choses considérées, inclinans libérallement à la supplication desdits consulz et aussi desdits supplians, pour ces causes, ayans agréables les lettres dessus transcriptes, icelles et tous les appointemens, ordonnances et autres choses dedans contenues, avons confermées, et par ces présentes de grâce espéciale, plaine puissance et auctorité royal, confermons, pour en joir si avant qu'ilz en ont par cydevant deuement et justement joy et usé. Si donnons en mandement, etc. (comme ci-dessus).

Donné à Amboise le XXIX° jour de juillet, l'an de grâce mil cccc quatre-vings et neuf, et de notre règne le sixiesme.

Ainsi signé : Par le Roy, à la relacion du conseil. J. MENOU. (*Ord. des Rois de la 3° race*, t. XX, p. 180.)

V

Défense au Sous-Viguier de Sisteron de faire emprisonner les femmes étrangères venant dans cette ville. — 20 avril 1380.

Fulco de Agouto vice comes Relanie comitatuum Provincie et Forcalquerii senescallus, officialibus reginalis curie civitatis Sistarici ad quos spectat eorumque cuilibet vel loca tenentibus ipsorum presentibus et futuris, salutem et dilectionem sinceram ; pro parte universitatis hominum civitatis predicte Sistarici fuit nobis noviter attentius supplicatum ut cum quando contingit mulieres advenas, in dicta civitate, cum eorum amicis venire, causa standi et habitandi, magno vel pauco tempore in eadem, subvicarii ibidem quibusdam coloribus quesitis easdem incarcerare et incarcerari faciant persepe, licet vitam honestam teneant, saltem cum amicis predictis, ut pecunias extorquatur eorumdem vexaciones redimendo, quod cedit in ipsarum prejudicium et gravamen. Super quo nostro juris remedio benignius postulato volumus et vobis reginali auctoritate qua fungimur, tenore presentium expresse mandamus quathenus ex nunc in antea, tam vos presentes quam alii successive futuri officiales jam dicti officiorum vestrorum temporibus non permittatis seu sustineatis acceptari per dictum subvicarium, vel alios qui pro tempore fuerint tales mulieres advenas, que ibidem veniunt cum amicis, dum tamen vitam honestam teneant, ut prefertur, cum ipsis, incarcerari aut alias molestari, contra debitum racionis, si gravem penam vobis, nostro arbitrio infligendam, cupitis non subire, sic quod vobis ulterius scribere propter ea non sit opus, his oportunis inspectis remanentibus presentanti.

Datum Aquis per virum nobilem dominum Leonardum de Afflicto de Scalis juris civilis professorem magne reginalis curie magistrum racionalem majorum, et secundarum appellationum judicem, comitatum predictorum. Anno Domini M° CCC° LXXX° die vigesimo mensis aprilis III° edictionis. (Ed. de LAPLANE, *Histoire de Sisteron, tirée de ses archives*. Paris, 1843, in-8°, tom. I, p. 527, pièce n° XXIX.)

VI

N° 1. *Statuta synodalia ecclesiæ Avinionensis.* — *Statutum editum anno Domini* 1441, *in synodo mercurii* 12 *octobris, per Dom. Johannem Blancherii vicarium.*

Item, considerantes quod stuphæ pontis tronati (sic) præsentis civitatis sint prostibulosæ et in eis meretricia prostibularia publicè et manifestè committantur : quorum consideratione, per officiarios temporales dictæ civitatis, statutum fuerit et inhibitum, homines conjugatos ad ipsas stuphas non audere stuphari ; etiamque inhonestum existere, et permitti cum honestate non valere, personas ecclesiasticas, in quibus vitæ et morum honestas præpollere debent, talem nec similia loca conversari ; ea propter præsentium tenore inhibetur universis et singulis personis ecclesiasticis clericisque conjugatis civitatis et diœcesis prædictarum, ne abindè in antea, die vel nocte dictas stuphas intrare, nec in illis se stuphare audeant, et hac sub pœna excommunicationis, et si de nocte, viginti quinque, si verò de die, decem marcarum argenti, fisco curiæ episcopali applicandarum. (MARTÈNE, *Thesaurus novus ancc-dotorum.* Paris, 1717, tom. IV, col. 585.)

N° 2. *Prétendus statuts portant règlement des lieux de débauche d'Avignon, faussement attribués à Jeanne Ire, reine de Naples et comtesse de Provence, et portant la date apocryphe du 8 août 1347.*

Art. 1. L'an mil très cent quaranto et set, au hueit dau mès d'avous, nostro bono Reino Jano a permés lou Bourdeou dins Avignon ; et vel ques toudos las fremos debaurchados non se tengon dins la Cioutat, mai que sian fermados din lou Bourdeou, et que per estre couneigudos que porton uno agullietto rougeou sus l'espallou de la man escairo.

Art. 2. *Item.* Se qualcuno a fach fauto et volgo continuá de mal fairé, lou Clavairé ou Capitané das sergeans la menara soutou lou bras per la Cioutat, lou tambourin batten, embé l'agullieto rougeou sur l'espallo, et la lougeora din lou Bourdeou ambé las autros ; ly defendra de non si trouba foro per la villo a peno das amariños la premieiro vegado, et lou foué et bandido la secundo fès.

Art. 3. Nostro bono Reino commando que lou Bourdeou siego à la carrieiro dou Pont-Traucat, proché lous Fraires Augoustins, jusqu'au Pourtau Peiró ; et que siego uno porto d'au mesmo cousta, dou todos las gens intráran, et sarrado à clau per garda que gis de jouinesso nou vejeoun las dondos sensou lo permissieou de l'Abadesso ou Baylouno, qué sara toudos lous ans nommado per lous Consouls. La baylouno gardara la clau, avertira la jouinessou de nen fairé gis de rumour, ni d'aiglary eis fillios abandounados ; autromen la mendro plagno que y ajo, noun sortiran pas que lous Sargeans noun lous menoun en prison.

Art. 4. La Reino vol que toudes lous samdès la Baylouno et un barbier deputat das Consouls visitoun todos las fillios debauchados, que seran au Bourdeou ; et si sen trobo qualcuno qu'abia mal vengut de paillardiso, que talos fillios sian separados et lougeados à part, afin que non las counougoun, per evita lou mal que la jouinesso pourrié prenre.

Art. 5. *Item.* Sé sé trobo qualco fillio, que siego istado impregnado dir lou Bourdeou, la Baylouno nen prendra gardo que l'enfant noun se perdo, et n'avertira lous Consouls per pourvesi à l'enfan.

Art. 6. *Item.* Que la Baylouno noun permettra à ges d'amos d'intra dins lou Bourdeou lou jour Vendré et Sandé san, ni lou benhoura jour de Pasques, a peno destro cassado et d'avé lou foué.

Art. 7. *Item.* La Reino vol que todos las fillios debauchados, que seran au Bourdeou, noun sian en ges de disputo et jalousié ; que noun se derauboun, ne battoun, mai que sian como sorés ; qué quand qualco quarello arribo, que la Baylouno las accordé et que caduno sen stié a ce que la Baylouno n'en jugeara.

Avt. '8. *Item.* Se qualcuno a rauba, que la Baylouno fasso rendré lo larrecin à l'amiable ; et sé la larrouno noun lou fai, que ly sian donnados las amarinas per un Sargean dins uno cambro, et la secondo lou foué per lou bourreou de la Cioutat.

Art. 9. *Item.* Que la Baylouno noun dounara intrado à gis de Jusious ; que se per finesso se trobo que qualcun sie intrat, et ago agu conneissencé de calcuno dondon, que siat emprisonnat per avé lou foué per touto la Cioutat.

TRADUCTION.

Art. 1. L'an 1347, et le huitième du mois d'août, notre bonne reine Jeanne a permis un lieu particulier de débauche dans Avignon ; et elle défend à toutes les femmes débauchées de se tenir dans la ville, ordonnant qu'elles soient renfermées dans le lieu destiné pour cela, et que pour être connues elles portent une aiguillette rouge sur l'épaule gauche.

Art. 2. *Item.* Si quelque fille qui a déjà fait faute veut continuer de se prostituer, le porte-clefs ou capitaine des sergents l'ayant prise par le bras, la mènera par la ville au son du tambour et avec l'aiguillette rouge sur l'épaule, et la placera dans la maison avec les autres, lui défendant de se trouver dehors dans la ville, à peine du fouet en particulier pour la première fois, et du fouet en public et du bannissement si elle y retourne.

Art. 3. *Item.* Notre bonne reine ordonne que la maison

de débauche soit établie dans la rue du *Pont-Troué*, près du couvent des Augustins, jusqu'à la porte *Peiré* (de pierre), et que du même côté il y ait une porte par où tous les gens pourront entrer, mais qui sera fermée à la clef pour empêcher qu'aucun homme ne puisse aller voir les femmes sans la permission de *l'abbesse*, ou baillive, qui tous les ans sera élue par les consuls. La baillive gardera la clef, et avertira la jeunesse de ne causer aucun trouble, et de ne faire aucun mauvais traitement ni peur aux filles de joie; autrement, s'il y a la moindre plainte, ils n'en sortiront que pour être conduits en prison par les sergents.

Art. 4. *Item.* La reine veut que tous les samedis la baillive et un chirurgien préposé par les consuls visitent toutes les filles débauchées, et s'il s'en trouve quelqu'une qui ait contracté du mal provenant de paillardise, qu'elle soit séparée des autres pour demeurer à part, afin qu'elle ne puisse point s'abandonner, et qu'on évite le mal que la jeunesse pourrait prendre.

Art. 5. *Item.* Si quelqu'une des filles devient grosse, la baillive prendra garde qu'il n'arrive à l'enfant aucun mal, et elle avertira les consuls qu'ils pourvoient à ce qui sera nécessaire pour l'enfant.

Art. 6. *Item.* La baillive ne permettra absolument à aucun homme d'entrer dans la maison le vendredi saint, le samedi saint, ni le bienheureux jour de Pâques, et cela à peine d'être cassée et d'avoir le fouet.

Art. 7. *Item.* La reine défend aux filles de joie d'avoir aucune dispute ni jalousie entre elles; elle ordonne au contraire qu'elles vivent ensemble comme sœurs; que s'il arrive quelque querelle, la baillive les accordera et chacune s'en tiendra à ce que la baillive aura décidé.

Art. 8. Item. Que si quelqu'une a dérobé, la baillive fera rendre à l'amiable le larcin; et si celle qui en est coupable refuse de le rendre, qu'elle soit fouettée dans une chambre par un sergent; mais si elle retombe dans la même faute, qu'elle ait le fouet par les mains du bourreau de la ville.

Art. 9. Item. Que la baillive ne permette à aucun juif d'entrer dans la maison; et s'il arrive que quelque juif s'y étant introduit en secret et par finesse, ait eu affaire à quelqu'une des filles publiques, qu'il soit mis en prison pour avoir ensuite le fouet par tous les carrefours de la ville. JOH. ASTRUC, *De morbis venereis libri novem.* Lutetiæ Parisiorum, 1740, 2 vol. in-4°. Lib. I, cap. VIII, tom. I, p. 58. — MERLIN. V° *Bordel.*)

VII

Réglements pour l'administration de la justice et pour la police, donnés à la cité de Rodez par l'évêque Pierre de Pleine-Chassaigne le mercredi 28 juin 1307.

Item statutum fuit et ordinatum pro bono statu civitatis, per dictum dominum episcopum, ut nullus civium Ruthene recipiat de nocte in hospitio suo lusores diffamatos, nec super raubam suam pecuniam mutuet. Quod si in contrarium fecerit, hec pena mutuanti sit imposita, quod lusor sive recipiens pecuniam super raubam suam, dictam raubam recuperet per manum curie sine solutione pecunie super ipsam mutuato; et quod propter hoc nulla pena alia exigatur. Nec recipient in hospitiis suis publicas meretrices; non portent ille cappas, mantulum, nec velum, nec caudam in raubis suis, sed raube descendant usque ad cavillas et non ultra, sub pena amissionis eorum; nec alium habitum exteriorem portare possint qualem portare consueverunt mulieres [honeste. (CHAMPOLLION-FIGEAC, *Mélanges historiques*, dans la collection des *Documents inédits*, tom. III, 1847, p. 17.)

A. Racinet, fils, d'après Schultz.   Gravé par Adrien Lavieille.

RIBAUDE.
(L'original, peint sur vélin, appartient à M. de Hefner, à Darmstadt.)

VIII

Ordre de François Ier, roi de France, de payer vingt écus d'or à Cécile de Viefville, dame des filles de joie suivant la cour, pour leur droit du mois de mai. — 30 juin 1540.

Françoys, par la grâce de Dieu roy de France, à nostre amé et féal conseiller et trésorier de nostre espargne, maistre Phan du Val, salut et dilection : nous voulons et vous mandons que, des deniers de nostredite épargne, vous paiez, baillez, et délivrez comptant à Cecille de Viefville, damè des filles de joye suyvant nostre cour, la somme de 45 livres tournois faisant la valleur de xx ecus d'or sol à xlv sols pièce, dont nous lui avons fait et faisons don par ces présentes, tant pour elle que pour les autres femmes et filles de sa vaccation, à despartir entre elles ainsi qu'elles adviseront, et ce pour leur droict du moys de may dernier parsé, ainsi qu'il est accoustumé faire de toute ancienneté : et pour rapportant cesdites présentes signées de nostre main, avec quittance sur ce suffisante de ladite Cecille de Viefville seullement, nous voulons ladite somme de XLV livres tournois estre passée et allouée en la despense de voz comptes, et rabatue de vostre recepte de nostredite espargne, par nos amez et feaulx les gens de nos comptes, auxquelz par ces mesmes présentes mandons ainsi le faire sans aucune difficulté, car tel est nostre plaisir, nonobstant quelzconques ordonnances, rigueur de compte, restrinctions, mandements ou deffenses à ce contraires.

Donné à Paris le dernier jour de juing, l'an de grâce 1540, et de notre règne le vingt-sixième.

Signé : FRANÇOYS. *Et plus bas :* Par le roy : BOCHETEL.

(CHAMPOLLION-FIGEAC, *ubi sup.*, tom. IV, 1848, p. 479, n° 34.)

Extrait de l'enquête faite à Angers pour la canonisation de Charles de Blois, pris sur l'original à Saint-Aubin d'Angers. — 1371.

xxi testis, 6 octob. Johannes de Fourneto, armiger de parochia sancti Judossi, Dol. Dioc. etatis 40 annorum dicit quod novit D. Carolum a tempore sui matrimonii, sunt xxxii anni elapsi vel circà.... Et quod contigit semel dum ipse dominus Carolus, quadam die Jovis sancti quæ fuit anno Domini 1357, venisset de villa de Dinanno ad castrum suum de Lehonio vidit quamdam mulierem secus viam sedentem, et interrogavit eam quid faceret, et ipsa surgens dixit quod panem suum isto modo (per publicatio... corporis) lucrabatur; et tunc D. Carolus secu... partem dixit D. Alano dou Tenou, argentario suo, quod ipse accederet ad dictam mulierem et peteret ab ea causam quare sic faciebat, que sibi dixit quod erat mulier publica et quod hoc faciebat pretextu paupertatis; qua audita D. Carolus vocavit ad se mulierem et valde increpavit eam sibi dicens quod saltem in ipsa ebdomada sancta e tali vicio debere abstinere, et perquisivit ab ea pro quanto se abstineret; et ipsa respondit quod si haberet xx solidos bene se abstineret saltem usque ad unum mensem ; et tunc D. Carolus manum posuit ad quamd. modicam bursam suam et accepit 40 solidos, quos eidem numeravit, et promisit dicta mulier, quod quantum plus posset, saltem usque ad xl dies se abstineret a peccato fornicationis. Et tunc D. Gauffredus de Ponte Albo miles Mag' hospicii dicti D. Caroli voluit ad hoc eam per juramentum obligare quod fieri non permisit D. Carolus propter periculum perjurii ; et posthec rogavit D. C. istam mulierem ut de cetero abstineret a tali peccato, maxime illo sancto tempore, et quod ab inde discederet et esset bona mulier in futurum et erat ibi etiam presens Guill. le Bardi miles; quæ mulier postea in idem peccatum non recidit, sed desponsata est cum quodam filio Mathei Rouce de Pludihan et vocabatur Johanna de Ponte et erat de Dinanno. (LOBINEAU, *Hist. de Bretagne*, t. II, col. 551.)

X

LOIS DU DUCHÉ DE MILAN.

N° 1. *Extrait des statuts municipaux de la ville de Milan.*
— 23 avril 1502.

Rubrica generalis de meretricibus et bordello.
Cap. CCCCLXXII *De pœna tenentis bordellum.*
Si quis tenuerit bordellum in civitate Mediolani, vel suburbiis, alibi, quam in loco consueto, videlicet apud ecclesiam Sancti Martini in Compedò, ipso jure et facto cadat in pœnam librarum viginti quinque imperialium, pro qualibet vice, et locator domus, in qua bordellum teneretur, in totidem cadat, ut supra, si scienter domum locaverit, ut ibidem meretricium exerceatur, pro qualibet vice, et medietas pœnæ sit accusatoris, et alia medietas communis Mediolani, et intelligatur scienter locasse, ut supra, cum ipse locator notitiam habuerit de dicto meretricio, tollerat ibidem meretricium exerceri, et in qualibet investitura facienda de do-

mibus sitis in civitate, intelligatur oppositum pactum, quod in domo locata, non possint teneri, fœminœ meretrices, seu meretriciam artem exercentes.

Et si in ipsa domo reperirentur meretrices seu meretricium exercentes impunè possint expelli.

Et si locator contradixerit dictæ expulsioni, ipso jure, cadat in pœnam ut supra, et antiani parrochiarum teneantur denunciare prædicto Potestati Mediolani, vel officio Bulletarum, sub pœna librarum decem imperialium, applicandarum ut suprà, singula vice, qui Potestas, vel officialis Bulletarum teneatur de prædictis inquirere, et exequutioni mandare dictas pœnas.

Et lupanaria non possint dari ad incantum, nec alio modo vendi nec concedi.

Cap. CCCCLXXIII. *Quod meretrices publicæ portent mantellos fustanei.*

Quælibet meretrix publica quæstum faciens in bordello publico, quod est inter stratam existentem prope ecclesiam sancti Pauli in compedo, et cursum portæ Tonsæ, et domum quatuor Mariarum Mediolani, et ecclesiam sancti Zenonis extra bordellum, portet mantellum fustanei nigri supra spatulas latitudinis tertiæ unius ad brachium fustanei, sub pœna librarum decem imperialium, qualibet vice qua contrafecerit, applicandarum pro medietate communi Mediolani, et pro alia medietate accusatori, quæ pœna exigi possit per officialem Bulletarum, et quemlibet alium jusdicentem, quam pœnam, si non solverit, fustigetur ipsa meretrix, mandato cujuslibet jusdicentis criminalit, absque aliquo processu.

Et alibi, quam in dicto bordello, lupanaria non teneantur in præsenti civitate.

Cap. CCCCLXXIV. *Quod meretrices et Ruffiani non rentur in Broleto.*

Nulla meretrix nec Ruffianus moretur, nec de cætero audeat, nec præsumat stare, nec morari in broleto Communis Mediolani de die, sub pœna soldorum decem imperialium, pro qualibet vice, eorum et earum, quæ pœna, ab eis, et a quolibet eorum, exigatur, sine aliquo processu, per quemlibet jusdicentem, quæ pœna applicetur pro medietate Communi, et pro alia medietate accusatori, sine aliquo processu.

Cap. CCCCLXXV. *De eodem.*

Omnes meretrices, quæ reperiantur morari in broleto Communis Mediolani, expellantur de dicto broleto, et eis recusantibus illico recedere, fustigentur per civitatem.

Cap. CGCCLXXVI. *Quod meretrices expellantur de Parrochiis Mediolani.*

Potestas Mediolani, et ejus judices, et quisque eorum in totum teneantur et debeant inquirere, si in aliqua Parrochia Mediolani, alibi quam in dicto Bordello stet, vel habitet, vel moretur aliqua fœmina, meretricium faciens, et hoc si fuerit testificatum per tres ex vicinis ipsius Parrochiæ, qui sint majores annis triginta pro singulo, quod expellere teneatur, et expulsam tenere ipsam fœminam de dicta Parrochia. (*Leges et statuta ducatûs Mediolanensis, commentariis illustrata ab* HORATIO CARPANO. Mediolani, 1616, 2 vol. in-f°. II ͤ Pars. Novissima statuta, tom. II, page 268.)

N° 2. DISPOSITIONS CONTENUES DANS LES CONSTITUTIONS DU MILANAIS. — 27 août 1541.

Lib. IV. Tit. xv. *De meretricibus et lenonibus.*

1. Non satisfactum videbatur decori publico ex eo quod meretrices in unum locum, veluti intra septa clausæ habitarent, ni etiam certis legibus infelix id genus mulierum coerceretur, earumque præsidio, ab impuritate lenonum tutæ essent. Ea propter sancitum est, nemini licere aliquam domum extra prostibulum publicum existentem locare alicui meretrici publicè quæstum agenti, directè nec per indirectum, sub pœna amissionis domus sic locatæ, quæ ipso jure, et facto in fiscum perveniat, et intelligatur etiam locata domus, vel conducta, quotiescunque reperiatur meretricem publicam esse, vel morari, de die, vel de nocte, in aliqua domo, vel hospitio, vel in ea habere lectum, vel utensilia domus. Nam et his casibus domus, vel hospitium, ipso jure, et facto, in fiscum perveniat.

2. Hujusque sanctionis executio Mediolani, ad Capitaneum Justitiæ pertinet, in aliis civitatibus ad ordinarios Judices.

3. Omnibus interdictum est sub pœna trium ictium funis, vel triremium, et aliâ majori arbitrio Senatus, per se, nec per interpositas personas sub aliquo quæsito, vel quærendo colore aliquos contractus, vel quasi, cujuspiam generis inire, per quos aliqua mulier ducatur ad Prostibulum, vel alibi prostituatur. Quod si facti fuerint, sint

nullius valoris, et momenti, et pro infectis habeantur, et de eis jus non reddatur.

4. Notarii, nec aliæ personæ, non audeant de prædictis instrumenta, nec aliquam scripturam facere, sub pœna privationis officii Notario, et cuilibet personæ aureorum quinquaginta fisco applicanda.

5. Et eo amplius nemini licitum est in Prostibulo aliquam mulierem tenere, nec ab ipsa more lenonum aliquid recipere, sub eadem pœna.

6. Et è converso nulla meretrix prostibularia tenere possit aliquem lenonem, sub pœna prædicta.

7. Quilibet eos lenones, et meretrices contrafacientes, accusare possit, et habebit pœnæ medietatem.

8. Qui publicè lenoniam artem exercent, pœna ictuum trium funis, vel triremium, et alia majori arbitrio Senatus puniantur.

9. Nemo audeat, nec præsumat mutuare pecunias meretricibus, ut ex quæstu corporis sui lucrum percipiat, nec ea de causa eis vestes commodare, vel dare, quia super eis jus reddi non debet, immo plus, si eas dederint, dehinc eas, vel alias abstulerint sine licentia judicis, contra eos de robaria procedetur.

10. Meretrices publicè quæstum sui corporis facientes, per civitatem Mediolani, nec sua suburbia ire, stare, nec morari audeant, alio die quam Sabbati sine licentia judicis, sub pœna aureorum decem, pro dimidia accusatori, et reliqua fisco applicanda, et plus et minus arbitrio judicis.

11. Eoque casu, ut ab aliis mulieribus dignoscantur, teneantur deferre vestem (quam vulgo mantellectum vocant) confectam ex bombice albo, adeo latam, et patentem, ut humeros et pectus cooperiat, et omnibus pateat, sub eadem pœna. Et ulterius contrafacientes fustigentur, et per unam diem ad catenam ponantur, liceatque unicuique meretricibus contrafacientibus vestes per vim auferre, tutò, liberè, et impunè.

12. Quilibet possit accusare contrafacientes, et credatur accusatori cum sacramento, et uno teste fide digno.

13. Antiani Parochiarum teneantur judicibus notificare contrafacientes in eorum Parochiis, omnibus præmissis, infrà tres dies, ex quo verisimile fuerit eos de prædictis notitiam habere, sub pœna aureorum trium, et intelligantur habuisse notitiam, postquam in Parochia de prædictis est publica vox, et fama, et inventæ conducantur ad prostibulum publicum.

14. Jusdicentes ordinarii civitatum, et locorum, executores erunt horum ordinum, et jusdicere habent inter meretrices. Et si oriatur lis, vel controversia inter ipsas meretrices, seu cum aliis personis cujuscunque conditionis sint, tam civilis quam criminalis, ipsi soli, et absque Consilio Sapientis causam cognoscant, et fine debito terminent, procedendo, exequendo, et puniendo, summariò, et de plano, sine strepitu, et figura judicii, omnique juris et statutorum solemnitate omissa, etiam diebus feriatis, et non feriatis.

15. Et eo amplius, jusdicentes præmissi in jurisdictio-

nibus eisdem commissis, inquirere habent, si in aliqua Parochia, præterquam in prostibulo stet, vel moretur, aliqua fœmina quæstum corporis faciens, et si fuerit per tres ex vicinis ipsius Parochiæ Majores tamen annis triginta, præfatis judicibus delatum, teneantur ipsam fœminam ex ea Parochia expellere, etiam si domus esset ejus fœminæ propria.

16. Expulsæ describantur, per Notarium causarum criminalium, in uno libro particulari, cum nomine, cognomine, et Parochia, anno, mense, et die, quibus expulsæ fuerint.

17. Et postquam expulsæ erunt, non possunt in publicum deferre vestes sericeas, nec aurum nec argentum, impunè, si repertæ fuerint, depredari possint.

18. Et item fœmina ter expulsa, pro publica meretrice habeatur, et ad prostibulum conducatur. (*Constitutiones dominii Mediolanensis, quibus præter ordines seu decreta et constitutionum declarationes, ab excellentissimo senatu edita, et hactenus non impressa accesserunt.* Mediolani, 1574, in-f°.)

INTÉRIEUR D'UN MAUVAIS LIEU.

XI

EXTRAIT DES STATUTS DE LA VILLE DE ROME,
compilés par ordre du pape Paul II.

LIBER SECUNDUS. — *Cap.* LIX. — *De vendente mulierem causa libidinis.*

Item statuimus et ordinamus quod si quis aliquam mulierem seu meretricem alteri vendiderit libidinis causâ puniatur in ducentis libris provisinorum et si infrà decem dies non solverit amputetur ei pes, de quo quilibet possit accusare, et curia possit per inquisitionem contra delinquentem procedere. Et volens se excusare ponat se in cancellaria. Nec audiatur volens se excusare nisi prius deponat in Camera urbis penes Camerarium dictæ Camere pro eâ recipientem sufficientia pignora secundum qualitatem delicti et quantitatem pene que ex tali maleficio resultaret secundum formam statutorum urbis.

LIBER QUARTUS. — *Reformationes et nova statuta.* (Donnés par Alexandre VI. — 1494.)

Lib. II. — *De Maleficiis.* — *Cap.* XXII. — *De raptoribus meretricum.*

Si quis per vim rapuerit meretricem invitamque retinuerit amputetur sibi manus dextra quam redimere possit solvendo infra decem dies per condempnationem imediate ducatus centum vel secundum conditionem personarum et facti qualitatem carceretur, tormentetur, fustibus cedatur, vel in exilium mittatur arbitrio Senatoris et judicum. Et similibus pœnis puniantur principales facientes trentones meretricibus sequaces vero singuli quatuor tractibus corde tormententur et in carceribus ad mensem detineantur. Sed si cum armata decem personarum id fecerit capite puniatur sicut in aliis prohibitis collectis provisum est.

Cap. xxiii. *De incendiariis ostiorum meretricum.*

Incendiarii vero qui ad ostia meretricum ignem imittunt si capi possint acriter tormententur : et si viles persone fuerint fustigentur, et fronte ignito stigmate signate in exilium perpetuum damnentur. Et similiter si nobiles vel bonæ estimationis fuerint torqueantur : sed loco festium et stigmatis ad annum in carceribus detineantur vel in exilium mittantur arbitrio Senatoris ; et ultra ad quadruplum damni illati parti cujus intererit teneantur. Et si capi nossint diffidentur ad dictam penam........ Similique modo ad exemplum incendentium ostia meretricum procedatur adversus eos qui stercora vel cornua et his similia ad limina domorum et januas jaciunt vel immittunt. Et qui jaciunt saxa seu lapides tecta seu fenestras vel januas quatientes. Et si quid eorum flat ad ignominiam honestarum personarum...., etc. (S. P. Q. R. *Statuto et novæ reformationes urbis Romæ ejusdemque varia privilegia à diversis romanis pontificibus emanata, in sex libros divisa, novissime compilata.* Romæ, ad instantiam Marci Antonii Guilliereti, 1558, in-f°.)

XII

EXTRAIT DES CONSTITUTIONS DE NAPLES ET DE SICILE, *promulguées par les rois Guillaume, Roger, et surtout par l'empereur Frédéric en l'année 1221.*

Lib. I. Tit. xx. *De violentiâ meretricibus illatâ.*

1. *Rex Guillelmus.* — Omnes nostri regiminis sceptro subjectos decet majestatis nostræ gloriâ gubernari, e alterum ab altero, tam mares quam fœminas, vel a majoribus, vel æqualibus, vel minimis defendendo, pacis gloriam confovere, nec pati aliquo modo vim inferri. Miserabiles itaque mulieres quæ turpi quæstu prostitutæ cernuntur nostro gaudeant beneficio; gratulantes, ut nullus eas compellat invitas, suæ satisfacere voluntati. Contra hoc generale edictum satagentibus confessis atque convictis ultimo supplicio feriendis. Habito tamen considerationis ordine. Quod si in locis habitabilibus fuerit illata, clamor oppressæ trumlenter emissus, quam citius poterit, elucescat. Alioquin non videbitur vis illata si mora fuerit octo dierum spatio subsecuta. Nisi forsitan his diebus invita probabitur fuisse detenta.

Lib. III. *Tit.* XLII. *De correctione poculum amatorium porrigentium vel ementium.*

— I. *Rex Rogerius.* — Poculum amatorium, vel quemlibet cibum nocivum si quis instruxerit, etiamsi neminem læserit, impunis non erit.

— II. *Imperator Fredericus.* — Eadem pœna ferire debet emptorem.

— III. *Idem.* — Amatoria pocula porrigentes, vel cibos quoslibet noxios, illicita vel exorcismata astruentes, tali decernimus pœna constringi, ut si hi quibus talia sunt porrecta, vitam proinde vel sensum amittant, mortis periculo subjici volumus talia perpetrantes. Si vero qui prædicta susceperint, in nullo lædentur, tunc voluntates inultas non volumus remanere, sed publicatis bonis ipsorum omnibus, carcerali per annum custodiæ ipsos decernimus mancipari. Et quanquam veritatem et rerum naturam intuentibus videri possit hoc frivolum, et ut proprie loquamur fabulosum, quod per cibos aut potus ad amores vel odia mentes hominum moveantur, nisi quatenus recipientur, læsa suspitio hoc inducat : ipsorum tamen præsumptionem temerariam, quâ saltem nocere desiderant, etsi nocere non possint, relinquere nolumus impunitam.

Tit. XLVI. *De summota conversatione inter bonas fœminæ quæstuosæ.*

1. *Rex Rogerius.* — Quæ passim venalem formam exhibuit, et vulgo prostitutam se prohibuit (se præbuit), hujus criminis accusationem amovit (de séduction tentée

par un homme marié, prévu dans l'article précédent). Violentiam tamen ei ingeri prohibemus, et inter boni testimonii fœminas ejus habitationem vetamus.

Tit. XLVIII. *De matribus suas filias exponentibus.*

— 1. *Rex Rogerius.* — Matres, virgines filias prostituentes, et maritalia fœdera fugientes, ut lenas ipsas prosequimur, et nasus eis similiter abscindatur. Castitatem enim suorum viscerum vendere inhumanum est et crudele. Quod si filia se ipsam prostituerit, et mater solummodo consentit, judicis arbitrio reliquatur.

Tit LII. *De lenonibus.*

1. *Imperator Fridericus.* — Lenas sollicitantes pudicitias uxorum, filiarum, sororum, et postremo quaramlibet virginum, vel aliarum honestarum mulierum, quas vir bonus aliquis intra septa domus suæ tenere noscitur, detruncatione nasi ipsas tanquam adulteras juxta divæ memoriæ Regis Rogerii avi nostri statuta puniri censemus. Aliarum tamen mulierum animas attrahentes, quæ velut sui arbitrii existentes, nemine custode virorum voluntatibus et voluptatibus se dederunt, aliquando, licet non esset justè, credibile quod dare se vellent, prima vice quæ talia perpetrant, si fuerint legitima probatione convictæ, fustigari censemus, et ipsas in cognitionem semel attentati facinoris in fronte signari. Scituris firmiter lege (lenis?) hujusmodi, quod si tentaverint denuo reiterare commissa, detruncationis nasi pœna (pœnæ) procul dubio subjacebunt.

Tit. LIII. *De pœna matris filiam publicè prostituentis.*

1. *Imperator Fridericus.* — Matres quæ publicè prostituunt filias, pœnæ nasi truncati à divo rege Rogerio statutæ subjacere sancimus : alias etiam consentientes, et filias quas fortè propter inopiam nedum maritare sed etiam nutrire non possunt, alicujus voluptatibus exponentes, à quo et sustentationem vitæ, et gratiam præstolantur, pœnæ subjacere non tam injustum credimus, quam severum. (FRID. LINDENBROGIUS. *Codex legum antiquarum.* Francfort, 1613, in-f°. — *Constitutionum Neapolitanarum sive Sicularum libri tres.*)

XIII

PRAGMATIQUES DU ROYAUME DE NAPLES.

N° 1. *Interdiction de prêter aux filles publiques plus de six ducats, sous peine de châtiment arbitraire.* — 10 décembre 1490.

Tit. *de Meretricibus.* — *Pragmatica II.*

Mandato reginali regis Ferdinandi magnifico Domino Joseph de Columbinis de Palma Regenti, etc. Provisum decretum et ordinatum est quod nemo audeat nec præsumat mutuare nec aliter credentiam facere meretricibus et mulieribus publicis, pro quavis causa, ultra ducatos sex, et hoc cum licentia dicti domini regentis et non aliter, ad evitandum indebitas extorsiones et solutiones, quas tam hostolani, quam aliæ personæ exigunt a dictis meretricibus. Si quis autem contra formam præsentis decreti attentare presumpserit a præsente die in anteà ipso facto in pœnam amissionis ejus quod mutuaverit et aliam pœnam regio arbitrio reservatam se noverit incursum. Die xx mensis decemb. 10 indictionis 1490. Extracta ab inferno Magnæ Curiæ Vicariæ. (*Pragmaticæ, edicta regiæque sanctiones Neapolitani regni, in unum congestæ per claris. V. I. D.* PROSPERUM CARAVITAM, *patritium Ebolitanum.* — Venetiis, MDLXXX, in-4°, pag. 140.)

N° 2. *Les hommes qui encouragent la débauche et qui en tirent profit reçoivent l'ordre de sortir du royaume. — Peines sévères prononcées contre eux.* — 1480.

TIT. LXXIX, *De Lenonibus. Pragmatica I.*

Desiderantes itaque ab hac civitate Neap. et a toto hoc regno non solum lenones expellere, sed lenonum nomen extinguere, invenimus subscriptam pragmaticam serinissimæ bonæ memoriæ Domini Regis Ferdinandi Primi super hoc editam, tenoris sequentis, videlicet.

Ferdinandus, etc. Satis odibile nobis videtur, atque invisum esse pestiferum genus, nefandumque nomen lenonum, qui miserandas puellas a castitate, quæ Deo cum fiduciâ sola possibilis est hominum animas præsentare, ad luxuriosam vitam deducunt, attrahunt et impellunt, omnem turpissimum quæstum ex corpore earum proficiscentem, ac provenientem, modo blanditiis, modo minis decipienter extorquent, inde flagitiosis lasciviis depravati, tabernas frequentant, inebriantur, luxuriantur, ludunt, blasphemant, armati vicos discurrunt, furta faciunt, homicidia committunt, et a nullis denique pessimis sceleribus et delictis se abstinent. Et quia regiæ dignitati nostræ, qui sapientiam meditamur, cultum justitiæ vigere studemus, quietam atque placatam rempublicam nostram, Deo auctore, tenemus, et illi incrementum quotidiè addere desiderantes, congruit solicitè curare, ut unaquæque nostri Regni Provincia malis hominibus, et signanter sceleratis lenonibus careat; quandoquidem lenones homines pestiferi, et castitatis atque pudicitiæ destructores sint, de castris, terris et civitatibus rectè gubernatis jure merito expellendi ; proindè ad pietatem et castitatem mentem nostram dirigentes, et ea de re intendentes prohibere, ne lenocinium fiat, ac providere, ut factum puniatur, hac nostrâ perpetuâ valiturâ lege *Sancimus :* Lenones qui in mulieres quæstuarias prostituunt, seu ad miseram luxuriosamque vitam deductas, ad meretricandum retinent, ultimo debere supplicio condemnari, et puniri, receptatoresque eorum, sine quibus leno hujusmodi vitæ genus exercere non posset, mulctandos, castigandosque volumus, et jubemus, eorundem receptatorum conditione et qualitate pensata : Baronem scilicet, aut Universitatem, cujusvis civitatis, terræ vel castri, in unciis de carolenis argenti ducentis, nobilem Burgensem, in unciis centum, plebeium vero seu villanum in unciis 50, pro quolibet, et quoties contrafactum fuerit, nostri Fisci commodis applicandis ; qui quando solvendo reperti non fuerint, luant in corpus. Mandantes propterea harum serie Viceregibus, Justitiariis, Officialibus, Commissariis, ac Locumtenentibus eorum, cujuscunque fuerint status, dignitatis et prœeminentiæ, mediatè vel immediatè Nobis subjectis, nec non Baronibus, Dominis temporalibus, Universitatibus, et aliis quibuscunque Rectoribus civitatum, terrarum, castrorum, locorumque omnium regni nostri ; quatenùs sub pœna unciarum centum et majori nostro arbitrio reservata, omni prorsus privilegio cessante, hujusmodi legis intimatione eis facta, seu ipsa per unanquanque provinciam publicata, contra mentionatos leones et receptatores intra eorum territoria, de tempore in tempus ex officio inquirant, lenones capiant, et ad nostram Magnam Curiam Vicariæ bene custoditos remittant, per eandem præinsertâ pœnâ mulctandos. Denunciamus insuper per eosdem dictæ Curiæ judices si qui fortè fuerint receptatores, similiter, ut præmittitu. puniantur. Ut ergo omnibus, in republicâ nostrâ habitantibus, hæc manifesta fiant, committimus vobis antedicto Regenti, quem ad præmissorum observationem specialem Commissarium, ac exequutorem eligimus, et deputamus, ut sanctionem hanc, in nostrâ civitate Neap. publicare, verumetiam Viceregibus et Justitiariis in provinciis regni existentibus, per verum scriptum exemplari, insinuari et intimari faciatis per eosdem, deindè per provincias publicandam, ac singulis antedictis Officialibus, Baronibus, & Universitatibus, similiter insinuandam et intimandam; quam omni futuro tempore tenaciter observandam et inviolabiliter custodiendam, quibuscumque privilegiis primarum causarum, seu exceptionis et gratiæ, seu quibusvis clausulis, quomodocunque derogatoriis, et juratis, motu etiam proprio, et ex certâ scientia, pro quibusvis considerationibus, atque causis, status pacis, et reipublicæ concessis; non obstantibus eis, quoad hoc specifice derogando, eorundem tenoribus hic habendo pro sufficienter expressis; veteribus tamen constitutionibus in suo robore permanentibus, motu proprio, et ex certâ nostra scientiâ edicimus; statuimus et decernimus. In cujus rei testimonium præsentes fieri fecimus, magno Majestatis nostræ pendente sigillo munitas, In Castro Novo per Lucam Tozulum, 1480. *(Prag-*

maticœ, edicta, decreta, regiœque sanctiones regni Neapolitani, per V. I. D. BLASIUM ALTIMARUM. Neap., 1682, 3 vol. in-f°, t. II, p. 564.)

N° 3. *Défense aux hôteliers de prêter aux filles publiques plus d'une once, ou de leur faire crédit pour une somme plus considérable.* — 25 avril 1470.

TIT. LXXXVII, *De Meretricibus.* — *Pragmatica I.*

Considerato che a notitia di detta Maestà e pervenuto, come la felice memoria del signor Rè Alphonso, padre di detta Maestà, volendo ovviare a i mali portamenti, trattamenti et crudeltà quali fanno i ruffiani ale donne, che tengono al pubblico, con impegnarle, e con danno venderle all' hostieri et altre persone, che tengono alberghi, in tanta gran baratteria, che dette donne eran serve, e schiave di detti hostieri lo più tempo di lor vita, avanti che potessero restituire il debito, *et multoties* se dette donne, non volevan'obbligarsi a quelle quantita, che volevano pigliar detti ruffiani da i detti hostieri, maceravano dette donne di bastonate, *et etiam* le ferivano : *Statim* Ordino e fece bandire *publicè* che ne hostiero o altro albergatore potesse improntar à donna da partito, over pubblica, oltre un' oncia, e per mangiare et vivere suo, e del ruffiano, o per vestire, o che, *etiam* qualsivoglia obligatione, che facessero o contraessero dette donne, ad istanza di detti ruffiani, *sub quovis quæsito colore,* oltre dette, oncia, *quomodocunque* si provasse dette donne haver fatto obbligationi per causa di ruffiani, fossero nulle e gli hostieri e altre persone, che contra detta obbligatione havessero fatta, incorressero ad altra pena ad arbitrio della Corte. Et al presente si abusava detta ordinatione et editto. La detta Maestà vuole e comanda che la detta ordinatione fatta per lo detto signore Rè suo padre qual' esso per lo presente bando ordina, et di nuovo fà, che sia osservata. E qualunque persona che farà il contrario d'improntare oltre di un'oncia per altro que per detta causa, perda l'attione, el' credito, et incorra in pena arbitraria della Corte, qual' oncia habbia à servire per malattia, o mangiare e vestir della donna, e non per altro modo, il quale impronto se le habbia da fare con licenza *in scriptis* della Corte della detta Maestà. Dat. in Castro Novo Neap. die 25 aprilis 1470. Rex Ferdinandus, etc. (*Ubi supra*, p. 614.)

TRADUCTION.

Considérant qu'il est parvenu à la connaissance de ladite Majesté que le seigneur roi Alphonse, d'heureuse mémoire, père de ladite Majesté, voulant s'opposer à la conduite coupable, aux mauvais traitements et à la cruauté dont les femmes publiques étaient victimes de la part des *ruffians*, qui les engageaient, et à grand dommage les vendaient aux hôteliers et aux autres personnes qui tiennent des auberges et en faisaient un trafic si honteux que lesdites femmes restaient serves et esclaves desdits hôteliers pendant la plus grande partie de leur vie, avant de pouvoir s'acquitter de leur dette, *et multoties* que si lesdites femmes ne voulaient pas consentir à s'engager pour la somme que lesdits ruffians voulaient obtenir desdits hôteliers, ils les accablaient de coups de bâton, *et etiam* les blessaient; *statim* ordonna et fit crier *publicè* qu'aucun hôtelier ou aubergiste ne pourrait prêter à une femme publique plus d'une once pour sa nourriture et son entretien ou celui de son *ruffian*, ou pour son vêtement, ou que *etiam* toutes obligations que souscriraient ou contracteraient lesdites femmes à la demande desdits *ruffians, sub quovis quæsito colore*, au delà de ladite somme d'une once, si lesdites femmes prouvaient *quomodocunque* qu'elles ont souscrit ces obligations à cause des *ruffians*, seraient nulles, et que les hôteliers et autres personnes au profit desquelles ces obligations auraient été consenties encourraient une autre peine, laissée à l'appréciation de la Cour.

Considérant que maintenant cette ordonnance ou cet édit n'est plus appliqué, ladite Majesté veut et commande que ladite ordonnance rendue par ledit seigneur Roi son père, soit observée dans les termes où il la promulgue et la rend de nouveau par la présente publication ; et toute personne qui y contreviendra en prêtant plus d'une once pour toute autre cause que celle sus-indiquée perdra son action et sa créance, et encourra une peine arbitraire appliquée par la Cour ; cette once devant être exclusivement employée en soins de maladie, en nourriture ou en vêtement pour la femme, et non de toute autre manière, et cet emprunt devant être fait avec autorisation *in scriptis* de la Cour de ladite Majesté.

N° 4. *Ordre aux ruffians de sortir du royaume dans le délai de dix jours.* — 29 juin 1507.

Pragmatica II.
Considerato che ne i tempi passati per le guerre, e turbolenze che sono state essendosi commessi diversi delitti da varie et diverse persone, sì regnicole come non regnicole, per Sua Maestà et suoi Viceré, e Luogotenenti sono stati in detto regno di Sicilia a quelle conceduti alcuni guidatici, e assecuramenti, per vigor de i quali sono state, e stanno sicure, senza darsi loro alcuna molestia de i delitti, per gli quali sono guidate, e assecurate, il che non è senza detrimento della giustitia e lesione delle parti. E volendosi in ciò opportunamente provedere *ex certâ scientiâ deliberate et consulto* per tenor del presente Bando o pubblico Editto; *ex nunc et infrà* dieci dì doppo l'emissione e pubblicatione di esso, Tutti detti giudicatici o assicuramenti per qualsivoglia delitto, o maleficio fatto, conceduti, *etiam* che fossero firmati per Sua Maestà si revochino e annullino, e per rivocati e annullati s'intendano. Talchè passati, che saranno detti dieci dì quelli e ciascheduno d'essi non habbiano niuno effetto, forza overo vigore ma contro à quelli, che fossero stati guidati, o assicurati, si possa procedere alla punitione di detti maleficii, così come tali guidatici, o assicuramenti à loro non mai fossero stati fatti, o conceduti.

2. *Item.* Havendo i tempi à dietro Sua Mestà fatto fare

provisioni e bandi che in questo suo Regno non presumesse alcuno di qualsivoglia natione esser ruffiano, e che niuna meretrice *seu* donna da partito presumesse tener ruffiano pubblico, nè secreto. Volendo Sua illustrissima Signoria, che tali ordinationi totalmente si osservino, e per fare questo Regno di tale abominatione libero, *Si ordina e commanda* à tutti i ruffiani che tengono donne da partito di qualsivoglia natione si sieno, che frà termine di dieci di, dopo l'emissione e pubblicatione del presente bando avanti computando, si debbano partire e uscire da questà città di Napoli, e questo Regno e in quello non tornare senza licenza espressa della predetta Maestà, *seu* di detto illustre Sig. Vicerè, alla pena di esser posto in galera, e in quella stare ad arbitrio di detta Maestà, overo di detto illustre Vicerè, e le detti meretrici *seu* donne da partito non osino nè presumano per qualsivoglia modo pubblico ne secreto tener ruffiani, nè à quelli sovvenire nè sustentare *sub pœna* di essere vituperosamente frustate per Napoli o altro luogo di questo Regno dove si truoveranno e d'esser perpetuamente scacciate da detto Regno e bollate in fronte.

Datum Neap. in Castro Novo, die 29 *junii* 1507. *El Conde Lugarteniente general. Vid. Lonc. Reg, Xea secretar.* in cur primo, fol. 2. (*Ubi sup.*)

TRADUCTION.

Considérant que, dans ces derniers temps, au milieu des guerres et des troubles qui ont eu lieu, divers crimes ayant été commis par certaines personnes soit régnicoles, soit étrangères, Sa Majesté, ses vice-rois et ses lieutenants ont accordé, dans le royaume de Sicile, des sauvegardes et des sûretés en vertu desquelles les coupables ont été et sont encore en pleine sécurité, sans qu'ils aient été en aucune façon troublés pour les crimes pour lesquels ils ont reçu ces sauvegardes et sûretés, ce qui n'a pas eu lieu sans inconvénient pour la justice et sans dommage pour le pays; et voulant pourvoir à cet état de choses, *ex certâ scientiâ, deliberatê et consulto*, aux termes de la présente Ordonnance et du présent Édit public; *ex nunc et infrà* dix jours à partir des promulgation et publication dudit édit, toutes lesdites sauvegardes et sûretés pour quelque délit ou crime qu'elles aient été accordées, *etiam*, si elles ont été confirmées par Sa Majesté, sont révoquées et annulées et seront considérées comme révoquées et annulées, de telle sorte que, passé les dix jours susénoncés, ces sauvegardes et chacune d'elles n'auront plus ni effet, ni force ni vigueur, mais on appliquera à ceux qui auront été pourvus desdites sauvegardes et sûretés les peines qu'ils auront encourues pour leurs crimes, comme si lesdites sauvegardes et sûretés ne leur avaient jamais été accordées.

2. *Item.* Sa Majesté ayant, dans ces derniers temps, fait publier des dispositions et des ordonnances pour interdire à toute personne, de quelque nation qu'elle fût, d'exercer dans ce Royaume le métier de *ruffian*, et aux filles publiques d'entretenir auprès d'elles aucun ruffian publiquement ou en secret; Son illustrissime Seigneurie, voulant que ces ordonnances soient rigoureusement observées, et que ce Royaume soit affranchi de tels scandales,

— Ordonne à tous ruffians qui entretiennent les femmes publiques, à quelque nation qu'ils appartiennent, de, dans un délai de dix jours à partir de la promulgation et de la publication du présent décret, s'éloigner et sortir de cette ville de Naples et de ce Royaume et n'y pas rentrer sans une autorisation expresse de la susdite Majesté, *seu* dudit illustre Seigneur Vice-Roi, à peine d'être envoyés aux galères et d'y rester aussi longtemps qu'il plaira à ladite Majesté ou audit illustre Seigneur Vice-Roi ; et défend à toutes femmes publiques de garder auprès d'elles, par quelque moyen que ce soit, aucun *ruffian* public ni secret, de l'entretenir ni de subvenir à ses besoins, *sub pœna* d'être honteusement fouettées dans les rues de Naples ou dans tout autre lieu de ce royaume où elles seront trouvées, d'être chassées à perpétuité de ce royaume et d'être marquées au front.

Datum Neap., in Castro-Novo, die junii 1507. — *Le Comte Lieutenant Général*, etc.

N° 5. *Interdiction aux filles publiques de fréquenter la rue Catalane.* — 25 mai 1577.

Pragmatica III.

Essendo stati informati e vedutosi per esperienza, che dall' habitare, che si fa delle meretrici e donne disoneste nella strada della Rua Catalana, suoi fondaci, e luoghi, ne nascono infiniti tumulti ogni di, rumori, questioni, homicidii, arrobbi, e altre sorti di mali, e scandali, per causa che in mezzo di detta strada di notte e di giorno si fa comittiva, e congregatione di dette donne meretrici, e disoneste, forastieri, galeoti, vagabondi e altri simili sorti di gente; dalla qual cosa antevedendo, che alcun di nò potria succedere alcun grandissimo inconveniente in disservigio di Dio, di Sua Maestà e del ben publico; e volendo prudentemente ovviare a questo, sicome il debito della raggione ricerca, e'l buon governo comanda, per lo presente Bando, Ordiniamo e comandiamo à tutte e qualsivoglieno donne meretrici et disoneste, ch' al presente habitano o habiteranno in detta strada della Rua Catalana, suoi fondaci, e luoghi, che, frà termine di giorni otto debbano partirsi, e sfrattare dalla detta strada della Rua Catalana, suoi fondaci e luoghi, e andar' ad habitare ad altra parte, sotto pena della frusta e altra à nostro arbitrio riservata. Comandiamo similmente per lo presente Bando, sotto pena di tre anni di relegatione a i Nobili, e di tre anni di galera agl' ignobili, à tutti i padroni di dette case di detta strada delle Rua Catalana, suoi fondaci e luoghi, che, da hoggi avanti, non debbano in modo alcuno affittare, alloggare, accogliere, o alloggiare in dette loro case, site in detta Rua Catalana, suoi fondaci, e luoghi, à dette donne meretrici, e disoneste, che tal' è nostra volontà.

Datum Neap., die 25 *maii* 1577. *El Marques.* (*Ubi sup.*, pag. 615.)

TRADUCTION.

Ayant été informé, et ayant appris par expérience, que l'habitation des filles publiques et femmes de mauvaises mœurs, dans la voie appelée *Rua Catalana*, ses boutiques et ses logements, fait naître chaque jour un grand nombre de troubles, de désordres, de querelles, d'homicides, de vols, et autres sortes de maux et de scandales, parce que, au milieu de ladite rue, de nuit comme de jour, il se fait des attroupements et des rassemblements desdites femmes publiques et de mauvaises mœurs, et d'étrangers, de forçats, de vagabonds et autres gens de la même espèce ; prévoyant qu'il en pourrait résulter chaque jour un très-grand inconvénient pour le service de Dieu et de Sa Majesté, et pour le bien public ; voulant prudemment porter remède à cet état de choses, comme il est juste et raisonnable, et comme le commande l'intérêt public ; par le présent décret, — Nous ordonnons et commandons à toutes filles publiques et de mauvaises mœurs quelles qu'elles soient, qui présentement habitent ou habiteront dans ladite rue appelée *Rua Catalana*, ses magasins ou ses logements, de, dans le délai de huit jours, partir et déménager de ladite rue appelée *Rua Catalana*, ses magasins ou logements, et aller habiter dans une autre partie de la ville, sous peine du fouet, et sous toute autre laissée à notre discrétion ; défendons semblablement, par le présent décret, sous peine de trois ans de bannissement pour les nobles et de trois ans de galères pour les non-nobles, à tous propriétaires desdites maisons de ladite rue appelée *Rua Catalana*, de ses magasins ou logements, d'affermer ou louer désormais, en aucune façon, leurs dites maisons, sises dans ladite *Rua Catalana*, leurs boutiques ou logements, auxdites filles publiques et de mauvaises mœurs, pour les y réunir et loger, parce que telle est notre volonté.

Datum Neap., die 25 maii 1577. *Le Marquis.*

N° 6. *Interdiction aux filles publiques de se faire porter en chaises dans la ville de Naples.*— 30 novembre 1579.

Pragmatica IV.

A nostra notitia è pervenuto che in questa città di Napoli si costuma che molti huomini e donne dogni qualità e conditione si fanno portare nelle seggette ad ogn'hora e tempo cioé di notte e di di, e che da questo ne potrieno nascere infinitissimi disordini, e delitti in pregiudicio, *etiam* dell' honore, oltre che sono andate e vanno con dette segge molte donne meretrici, e non si conoscono le buone dalle triste; e di più siamo informati che le dette donne meretrici si fanno portare in cocchio, carrette, e carrozze equiparandosi alle donne honorate, e principali; e conveniendo che nell' uno, e nell' altro in questo si pigli forma; ci è parso, con voto, e parere del Regio Collateral Conseglio, appresso di Nio assistente, fare il presento Bando *omni tempore valituro* per lo quale, Ordiniamo e comandiamo che dal di della pubblicatione di esso avanti, non sia niuna donne meretrice, che presuma andare nè vada in seggetta, nè in cocchio, carretta, *seu* carrozza, copertamente, nè scopertamente per questa magnifica e fedelissima città di Napoli, e suoi Borghi, ancorche dette seggette, carrette, cocchi, o carrozze fossero loro, o di ciascheduna di esse, nè di di nè di notte, sotto pena della frusta, e altre pene pecuniarie, che forso potrieno pretendere i Padroni della Gabbella di dette meretrici per detta causa, e a i Cocchieri e altre persone che le portassero con detti cocchi, carrette o carrozze, *seu* seggette, di tre anni di galera. Comandando di più che gli huomini e donne honorate che andranno con dette seggette tanto di giorno come di notte non debbano andar coperte co' panni di dette seggette tutti calati, ma scoperte almeno dalla banda davanti di detta seggetta, talmente che possa esser veduta e conosciuta tale persona che và dentro detta seggetta sotto pene di venticinque oncie, d'applicarsi la terza parte all' essecutore, e le altre due terzo al R. fisco, e cosi si essegua, che tale è la nostra volontà.

Datum Neap., die ultimo novemb. 1579. *D. Juan de Zuniga,* etc. (*Ubi sup.*, pag. 616.)

TRADUCTION.

Il est parvenu à notre connaissance que, dans cette cité de Naples, beaucoup d'hommes et de femmes de toutes qualités et conditions ont coutume de se faire porter en chaise, à toute heure de la nuit et du jour, et que de là peuvent naître une infinité de désordres et de délits au préjudice *etiam* de l'honneur, outre que, dans lesdites chaises, se sont fait et se font conduire beaucoup de femmes publiques, et qu'ainsi l'on ne peut pas reconnaître les bonnes d'avec les mauvaises ; et, de plus, nous sommes informé que lesdites filles publiques se font porter en coche, en voiture et en carrosse, s'égalant ainsi aux dames honorables et de haute condition ; et comme il convient qu'elles n'en puissent prendre l'apparence, ni d'une manière ni de l'autre, il nous a plu, conformément au vœu et à l'opinion du royal *Collateral Conseglio* qui siége auprès de nous, de publier le présent décret, *omni tempore valituro*, par lequel — Nous ordonnons que, à partir du jour de sa publication et dorénavant, aucune fille publique ne se permette d'aller et n'aille en effet en chaise, coche, voiture, *seu* carrosse, secrètement ni publiquement, dans cette magnifique et très-fidèle cité de Naples ni dans ses faubourgs, encore que ces chaises, voitures, coches et carrosses fussent leur propriété ou celle de chacune d'elles, ni de jour ni de nuit, sous peine du fouet et autres peines pécuniaires que pourraient leur imposer pour ladite cause les chefs de la Gabelle desdites filles publiques, et sous peine aux cochers et autres personnes qui les transporteraient avec lesdits coches, voitures, carrosses *seu* chaises, de trois années de galères; ordonnons de plus que les hommes et femmes d'honneur qui se serviront desdites chaises tant de jour que de nuit ne se tiennent pas cachés en abaissant tout à fait les rideaux desdites chaises, mais relèvent au moins le voile de devant de ladite chaise, de telle sorte qu'on puisse voir et reconnaître la personne qui est dans ladite chaise, sous peine de vingt-cinq onces, applicables pour un tiers à l'exécuteur, et pour les deux autres au fisc royal; et que cela s'exécute ainsi, parce que telle est notre volonté

Datum Neap., die ultimo novemb 1570 D Juan de Zuniga, etc.

N° 7. *Défense aux filles publiques d'habiter sur la place de Tolède.* — 16 août 1583.

Bannum Proregentis Collateralis sive Pragmatica V.
Essendo informata l'Eccell. del Sig. Viceré di questo Regno predetto che nella *Piazza di Toledo*, di questa fedelissima città di Napoli cominciando dal Regio Palazzo per dirittura, infino à Porta Reale, per lo passato vi hanno habitato, e hoggidì habitano, e vengono ad habitare persone disoneste, e meretrici, quali, oltre il disonesto vivere, hanno dato e danno occasionne di mal' essempio, con grande indecoro di detta Piazza, essendo da i principali frequentata, e praticata, e ancora ornata di molti palazzi e habitata da diverse qualità di persone honorate, et accasato, quali attendono à vivere quietamente e honorate dall'habitatione delle quali donne disoneste, e meretrici ne sono causati, e causano ogni giorno, oltre il male essempio, rumori, questioni, e delitti; ci hà commesso, che in nome dell' Eccellenza sua debbiamo provedere, che nella piazza predetta niuna qualità di dette donne disoneste e meretrici ci debba, al presente, nè per l'avvenire habitare: Onde in virtù del presente Bando per ordine dell' Eccellenza predetta, S'ordina e comanda, che dopo della pubblicatione di esso, tutte le donne disoneste e meretrici, ch' al presente si ritroveranno habitare in detta piazza, incominciando dal detto Regio Palazzo infino alla Porta Reale, frà termine di giorni tre debbano sfrattare, et andar' ad habitare ad altri luoghi, sotto pene della frusta; nel quale

bando s'intendano, si come vogliamo, che siene comprese tutte quelle donne meretrici, che in essa piazza haveranno case proprie ; ordinando a i diretti padroni delle case predette, dove hoggi habitano dette donne meretrici, e disoneste, che, fra il detto termine di tre giorni, procurino il di loro sfratto con effetto da dette loro case, e non facendolo, incorrano, e sieno incorse alla pena di oncie quattro e altra ad arbitrio dell' Eccellenza sua, e nella medesima pena incorrano detti padroni di casa, ogni volta, che *in futurum* locheranno dette loro case à dette donne disoneste, e meretrici, e che non possano allegare ignoranza di non haverlo saputo. Le quali pene si eseguiranno irremissibilmente contro de' trasgessori. *Datum Neap.*, *die* 16 *august.* 1583. *Casena Proreg.*, etc. (*Ubi sup.*)

TRADUCTION.

Son Excellence le Seigneur Vice-Roi de ce royaume susdit, ayant été informée que dans la *Place de Tolède* de cette très-fidèle cité de Naples, depuis le Palais-Royal jusqu'à la Porte-Royale, en droite ligne, ont habité par le passé, habitent encore aujourd'hui, et viennent habiter des personnes de mauvaises mœurs et des filles publiques, lesquelles, outre le scandale de leur vie débauchée, ont donné et donnent le mauvais exemple, et un spectacle honteux pour cette dite place, fréquentée et parcourue par les personnes les plus considérables, et de plus ornée de beaucoup de palais, et habitée par des personnes honorables et établies de diverses qualités, qui veulent mener une vie tranquille et honorable ; que le séjour de ces filles publiques et de mauvaises mœurs a donné et donne tous les jours naissance, outre le mauvais exemple, à des tumultes, à des querelles et à des crimes ; ladite Excellence nous a ordonné de pourvoir en son nom, à ce que dans la place susdite aucune espèce de femmes de mauvaises mœurs et de filles publiques ne pût présentement ni dans l'avenir habiter. En conséquence, en vertu du présent décret, par ordre de l'Excellence susdite, — Il est ordonné et commandé que toutes les femmes de mauvaises mœurs et filles publiques qui se trouveront habiter dans ladite place, depuis ledit Palais-Royal jusqu'à la Porte-Royale, devront déménager dans le délai de trois jours à partir de la publication dudit décret, et choisir leurs habitations dans d'autres lieux sous peine du fouet. Il est bien entendu que dans le présent décret nous voulons aussi comprendre celles qui seront propriétaires de maisons sur cette place. Ordonnons en outre aux propriétaires des maisons susdites, où logent aujourd'hui lesdites filles publiques et de mauvaises mœurs, de, dans ledit délai de trois jours, les expulser de leursdites maisons, à la charge par eux, s'ils n'exécutent pas ladite ordonnance, de payer une amende de quatre onces et d'encourir une autre peine à la discrétion de Son Excellence ; et lesdits propriétaires de maisons encourront la même peine toutes les fois que *in futurum* ils loueront leursdites maisons auxdites femmes de mauvaises mœurs et filles publiques, sans pouvoir alléguer l'ignorance ni prétendre qu'ils ne connaissaient pas la condition desdites femmes ; lesquelles peines seront appliquées sans rémission aux contrevenants. *Datum Neap., die* 16 *augusti* 1583. *Casena Proreg.*, etc.

N. 8. *Réorganisation de la Cour des filles publiques.* —
30 novembre 1589.

Pragmatica VI.

Essendo pervenuto à nostra notitia come nella *Corte delle Meretrici* in questa fedelissima città, e *proprie* dalle persone che non hanno cura di detta Corte, e dell'amministratione della giustitia in essa, si sono commesse, e si commettono molte estorsioni falsità et altri delitti. Fù per Noi i giorni passati commesso e ordinato al Magnifico Dottor Piero de Balcazer Auditor generale dell'essercito, e Presidente della R. C. della Summaria che di ciò havesse pigliata diligente informatione e del tutto fattocene relatione; per lo quale essendo stata pigliata detta informatione con quella diligenza, che si conveniva, si è ritrovato con effetto costare che in detta Cotte per gli proprii Ministri di quella si commettono morte sorte di dilitti, e ingiustitie come già ci era stato riferito. Alche volendo Noi provedere, per evitare che *in futurum* non si facciano nè commettano più dette estorsioni, falsità e altri delitti, e si tolgano i mali abusi, *citra praejudicium* delle pene incorse, salva la ragione al R. Fisco, per lo che si habbia à dichiarare per le dette et altre cause e abusi perduta la giurisdittione di quella, ci è parso con voto, e parere del R. Collat. Conseglio, appresso di Noi assistente, colla presente nostra Pragmatica, *omni futuro tempore valitura*, riformare e dar forma al detto Tribunale nel modo seguente, *videlicet*.

1. *In primis*, che detto Tribunale non possa nè debba da hoggi avanti, emanare bando alcuno da se in niuna maniera, ma attendere, à far' osservare i bandi emanati da Noi, e da nostri predecessori e quegli emanati dalla G. C. della Vicaria, e altri Regii tribunali; annullando si come per la presente annulliamo, tutti i bandi emanati infino ad hoggi per detto Tribunale.

2. *Item.* Si dichiara, che in detta giurisdittione s'intendano comprese solamente quelle donne, le quali pubblicamente et cotidianamente vendono il corpo loro per danari disonestamente, e non altre.

3. *Item.* Che da dette donne il sopradetto Padrone della giurisdittione, *seu* Affittatore de i diritti di quella, overo altri in loro nome, di qualsivoglia modo, o causa, *etiam* di pene incorse, non possano nè debbano ricevere, *etiam à sponte dante*, più de due carlini il mese, e due presenti l'anno ascendenti alla somma di grana quindici per presente, conforme a i loro privileggii, di maniera tale, che dette donne per qualsivoglia causa non habbiano da pagare l'anno, più di carlini ventisette per ciascheduna, sotto niuno colore di pena, o di altro, sotto pena al detto padrone di detta gabella, di privatione di detta giurisdittione, e altra pena à Noi riservata imponenda a i detti che contraverranno.

4. *Item.* Perche con occasione d'inquisitione di lenocinio, o altro, carcerano di fatto le povere suddite, e con quest'occasione estorquono indebitamente danari. Per questo, S'ordina che non habbiano da carcerare niuno sud-

dito, o suddita di detta giurisdittione, di fatto, se non *juris ordine servato*, precedente *debita citatione ad informandum*. Pero occorrendo alcun' homicidio, aborto, o altro delitto gravo, ove fosse pericolo *in mora*, lo debba fare, con darne conto subito, che sarà esseguito, al Giudice di appellatione.

5. *Item*. Che detto padrone delle giurisdittione e Affittatore de' deritti, o altro in loro nome, non possano fare transattione alcuna, nè compositione de' delitti, de i quali saranno inquisiti i sudditi, e suddite di detta gabella, nè possano, nè debbano esiggere cosa alcuna sotto colore delle predette compositioni, o transattioni di contraventione di bando, sotto pena di perdere la giurisdittione predetta, pero si ordina, che ogni cosa habbia da passare per termine di giustitia e decreto, *in scriptis* del Giudice, pero si hà da contentare del diritto *tantùm*, come ne' sopradetti capitoli si contiene, sotto la pena predetta e altra à Noi riservata contro de' contravenienti.

6. *Item*. Perche si vede che i bandi e ordini, che si sono fatti agli Officiali della detta gabella contro de' sudditi di essi, molte volte si sono fatti per dare occasione a i padroni della giurisdittione predetta, o Affittatori di quella, che loro habbiano da concedere licenza di contravenire, e estorquere per questo diritti, e pagamenti: al che volendo in tutto rimediare, Ordiniamo e comandiamo che i predetti padroni della gabella e Affittatori di essa, non possano nè debbano dare licenza, alcuna di potter contravenire à niuno bando emanato per qualsivoglia Tribunale, *tacitè vel expressè*, sotto la pena predetta di privatione

della giurisdittione e altra à Noi riservata contro de' contravenienti.

E perche conviene che il Giudice sia persona intelligente e di coscienza per tenere il mero, e misto imperio dentro questa fedelissima città di Napoli, per questo, Citra pregiuditio de i privileggii di detti padroni, si ordina che detto padrone, à chi tocca l'elettione del Giudice, da hoggi innanzi, habbia da nominare tre Dottori habili, e sufficienti per l'amministratione di detto Officio, à fine, che di quelli Noi ne habbiamo à nominare uno che meglio ne parerà, il quale habbia da essercitare detto officio con titolo e patente nostra, e non altrimenti; e perchè con più attentione e diligenza vi attenda, si ordina che finito l'officio il quale non possa durare più di due anni, habbia da dare sindicato, conforme la Regia Pragmatica vel Tribunale della G. C. della Vicaria e finito detto tempo se ne debba eliggere un' altro, *ut sup*. Ordinando e comandando per questo chè, da questo di innanzi, niuno si intrometta nell' essercitio di Giudice senza nostro ordine, e patente nella forma, *ut supra*.

7. *Item*. Che al detto Giudice si habbia da segnalare salario conveniente, e che non habbia da ricevere niuna altra cosa sotto colore di candele, di visura di processi, di decreti, nè per qualsivoglia altra causa o colore *etiam à sponte dante* sotto pena di esser privato perpetuamente di officio, e di due anni di relegatione, eccetto quella parte della Mastrod'attia, che gli sarà conceduta dal padrone della giurisdittione, non alterandosi per questo la pandetta e'l diritto che si dà al Mastro d'atti, come si dirà appresso.

8. *Item*. Perche sotto colore di contumacia sogliono fare

diverse estorsioni in detta Corte, S'ordina che d. Padrone della giurisdittione *seu* Affittatore di quella, non possa esiggere per pena più di un tarì per la contumacia di causa criminale, e essendo causa civile, non possa esiggere cosa niuna, sotto pena à nostro arbitrio riservata.

9. *Item.* Che il padrone di detta giurisdittione habbia da eliggere un Mastro d'atti, che sia persona approvata, e conosciuta il quale habbia da dar pleggeria *de legaliter et fideliter administrando*, e che non habbia de tenere più che due Scrivani solamente, e che à capo di tre anni i detti padroni della giurisdittione habbiano da far con effetto, che dia sindicato nella Gran Corte della Vicaria, e quello non possa tornare ad amministrare detta Mastrod'attia *nisi elapso triennio*, sotto pena di tre anni di essilio, e altra à nostro arbitrio riservata.

10. *Item.* Che niuno di detti Mastrid'atti e Scrivani sotto qualsivoglia colore habbia da ricevere diritto maggiore, se non conforme la Pandetta della Vicaria; e in caso che si desse parte di detta Mastrod'attia al Giudice, non si possa essiggere più diritti di quelli della Pandetta predetta, tanto nelle cause civili, come criminali, *etiam à sponte dante*, sotto pena di privatione perpetua dell'essercitio di Mastro d'atti.

11. *Item.* Perche i Mastrid'atti con non dare notitia agli Officiali delle querele e informationi, che pigliano, sogliono venderle; per questo, Ordiniamo che detto Mastro d'atti habbia da tenere un libro vel quale habbia da registrare *statim* e incontinente, tutte le querele e denuncie che verranno in detta Corte, e frà termine di ventiquattr'hore

dar notitia di tutto l'informationi che pigliarà, al Giudice *etiam* quello non impinguato, sotto pena de falso e altra à Noi riservata.

12. *Item*. Che quelli che vengono à denunciare alcun delitto, e si essaminano, sieno essaminati come denuncianti, e non come testimonii, sotto pena di falso al Mastro d'atti che non l'annoterà e scriverà in questa forma

13. *Item*. Che detto Mastro d'atti che si eliggerà, habbia da pigliare per conto tutte l'informationi, che al presente si ritrovano in detta Corte, e processi, e di quelli farno inventario, e così *deindè in anteà*, e poi per conto le habbia da consegnare al successore, le quali habbiano da stare in forma di Archivio, per potersi fare la debita perquisitione degl'inquisiti, sotto pena *de falso* e altra à nostro arbitrio riservata.

14. *Item*. Che quando occorrer à haversi da carcerare alcune persone, tanto huomini quanto donne, si habbiano e debbano carcerare nelle carceri della Gran Corte dell'Ammiragliato separamente gli huomini, dalle donne, e non in altro luogo; et acciochè tutto il predetto si habbia da osservare e essiguire nella maniera e forma che da Noi stà ordinato e provisto, *ut supra*; per la presente nostra pragmatica *valitura omni tempore futuro*, *ut suprà*; Statuimo, provediamo e comandiamo che *ad unguem* e inviolabilmente si habbiano e debbano osservare e eseguire i sopradetti capi di riforma per gli Officiali del detto Tribunale. E per osservanza e essecutione di tutto il sopranarrato, comandiamo che la presente nostra Pragmatica si debba pubblicare in nostra predetta fedelissima città di Napoli, attaloche

ogn' uno ne habbia notitia, *et in futurum* non si possa allegare causa d'ignoranza. *Datum Neap., in Regio Palatio, die ultimo mensis novembris* 1589. *El Conde de Miranda.*

TRADUCTION.

Ayant été informé que dans la *Cour des filles publiques* de cette très-fidèle cité, et *proprie* de la part des personnes qui ne prennent aucun soin de ladite Cour et de l'administration de la justice, il a été commis et il se commet un grand nombre d'extorsions, de fraudes et d'autres délits, il a été par nous dans ces derniers temps enjoint et ordonné au magnifique docteur Piero de Balcazer, auditeur général de l'armée et président de la *R. C. della Summaria*, de procéder à des informations diligentes sur ce sujet, et il nous a adressé du tout un rapport. De ladite information, dirigée avec toute la diligence nécessaire par ledit docteur, il est résulté avec évidence que dans ladite Cour, et du fait de ses propres officiers, il se commet toutes sortes de délits et d'injustices, comme déjà il avait été rapporté; à quoi nous voulant pourvoir, afin d'éviter que *in futurum*, se fassent et se commettent encore lesdites extorsions et fraudes et lesdits autres délits, et de supprimer ces détestables abus, *citra præjudicium* des peines encourues, et sauf les droits du fisc royal, pour quoi on aura à déclarer pour les susdits et autres motifs et abus, la juridiction de cette cour supprimée, il nous a paru convenable, conformément au vœu et à l'opinion du royal *Collateral Con-*

seglio qui siége auprès de nous, de, par notre présente pragmatique *omni futuro tempore valitura*, réformer et constituer ledit tribunal de la manière suivante, *videlicet*.

1. *In primis.* Ledit tribunal ne peut ni ne doit, à partir d'aujourd'hui, rendre lui-même aucun décret en aucune manière, mais seulement s'appliquer à faire observer les décrets rendus par nous et par nos prédécesseurs, et aussi ceux rendus par la *Gran Corte della Vicaria* et autres tribunaux royaux; sont annulés, comme en effet nous annulons par la présente, tous les décrets rendus jusqu'à aujourd'hui par ledit tribunal.

2. *Item.* Il est bien entendu que dans ladite juridiction, doivent être seulement comprises les femmes qui publiquement et quotidiennement vendent leur corps pour de l'argent contre les lois de l'honnêteté et non d'autres.

3. *Item.* Le susdit chef de la juridiction, *seu* le fermier des droits qui y sont perçus, ou tous autres en leurs noms, ne peuvent ni ne doivent, de quelque manière et pour quelque cause que ce soit, *etiam* pour peines encourues, recevoir desdites femmes, *etiam a sponte dante*, plus de deux carlins par mois, et deux cadeaux par an, montant à la somme de quinze grains par cadeau, conformément à leurs priviléges, de telle façon que lesdites femmes, pour quelque cause que ce soit, n'aient pas à payer par année plus de 27 carlins chacune, sous aucun prétexte de châtiment, ou sous tout autre, à peine pour ledit chef de ladite gabelle de privation de ladite juridiction, et de toute autre punition laissée à notre discrétion et appliquée auxdites personnes qui contreviendront à cette disposition.

4. *Item.* Comme sous prétexte de faire des enquêtes sur le fait d'encouragement à la débauche ou sur tout autre, ils emprisonnent les pauvres femmes soumises à leur juridiction, et par ce moyen ils leur extorquent indûment de l'argent ; à ces causes, — Il est ordonné qu'ils ne se permettent d'incarcérer aucun homme ou femme soumis à ladite juridiction, sinon *juris ordine servato*, et après *debita citatione ad informandum :* toutefois, en cas d'homicide, d'avortement ou de tout autre délit grave, où il y aura péril *in mora*, l'emprisonnement devra avoir lieu, à la charge d'en rendre compte, aussitôt qu'il y aura été procédé, au juge d'appel.

5. *Item.* Que ledit chef de la juridiction, ni le fermier des droits, ni aucun autre en leurs noms, ne puissent consentir aucune transaction ni aucune composition pour les crimes pour lesquels seront poursuivis les hommes ou femmes justiciables de ladite gabelle, et qu'ils ne puissent exiger aucune chose sous prétexte des susdites compositions ou transactions, à l'égard des contraventions à l'ordonnance, sous peine de perdre la juridiction susdite ; en conséquence il est ordonné que chaque cause soit portée devant le tribunal et mentionnée *in scriptis* du juge, car elle ne peut être résolue que selon les formes du droit *tantùm*, comme il est dit dans les chapitres susdits, sous la peine susdite et autre à notre discrétion contre les contrevenants.

6. *Item.* Comme il paraît que les décrets et ordonnances rendus par les officiers de ladite gabelle contre leurs justiciables ont été très-souvent faits pour fournir le moyen aux chefs de la susdite juridiction ; et aux fermiers, d'accorder

des autorisations de contrevenir aux lois, et d'extorquer ainsi des droits et salaires : à quoi voulant absolument remédier, — Nous ordonnons et commandons que les susdits chefs de la gabelle et les fermiers ne puissent donner aucune autorisation de contrevenir à aucune ordonnance émanée d'un tribunal quelconque, *tacité vel expressé*, sous la peine susdite de privations de la juridiction et sous toute autre laissée à notre discrétion contre les contrevenants.

Et comme il convient que le juge soit une personne intelligente et d'honneur pour remplir ses fonctions avec intégrité et avec modération dans cette très-fidèle cité de Naples, en conséquence, — Sans préjudice des priviléges desdits chefs, il est ordonné que ledit chef, à qui appartient l'élection du juge, maintenant et dorénavant, nomme trois docteurs habiles et suffisants à l'administration dudit office, afin que parmi eux nous en choisissions un, qui nous paraîtra préférable, et qui devra exercer ledit office en vertu d'un titre et d'un brevet délivré par nous et non autrement; et pour qu'il exerce ses fonctions avec plus d'attention et de diligence, il est ordonné qu'au terme de son office, qui ne pourra durer plus de deux ans, il ait à rendre ses comptes, conformément à la Pragmatique royale rendue par le tribunal de la *G. C. della Vicaria ;* et à l'expiration de ses fonctions il en devra être nommé un autre *ut sup.* Nous ordonnons et commandons en outre que dorénavant aucune personne ne s'ingère dans l'exercice de juge sans notre ordre et sans un brevet délivré par nous et dans les formes voulues *ut sup.*

7. *Item.* Un salaire convenable devra être assigné audit juge, auquel il ne sera permis de recevoir aucune autre

chose sous prétexte d'épices (de chandelles), de visa aux pièces du procès, de jugement, ou pour toute autre cause ou sous tout autre prétexte, *etiam a sponte dante*, sous peine de deux années de bannissement et d'être privé à perpétuité de son office, excepté la partie des droits de greffe qui lui sera accordée par le chef de la juridiction, la présente ordonnance ne supprimant pas le tarif et le droit qui doit être payé au greffier, comme il sera dit ci-après.

8. *Item*. Comme, sous prétexte de contumace, on a coutume de commettre dans cette cour diverses extorsions, il est ordonné que lesdits chefs de la juridiction, *seu le fermier d'icelle*, ne puissent exiger plus d'un *tari* d'amende pour les contumaces en matière criminelle; en matière civile, il ne peut rien exiger, sous peine laissée à notre discrétion.

9. *Item*. Que le chef de ladite juridiction ait à élire un greffier qui soit personne honorable et connue; ce greffier devra donner caution, *de legaliter et fideliter administrando*, et ne devra pas avoir plus de deux écrivains seulement. Au commencement des trois années de son exercice lesdits chefs de la juridiction veillent à ce qu'il fournisse caution à la *Gran Corte della Vicaria*; et à ce qu'il ne puisse administrer de nouveau ledit greffe, *nisi elapso triennio*, sous peine de trois années de bannissement et autre laissée à notre discrétion.

10. *Item*. Qu'aucun desdits greffiers et écrivains, sous quelque prétexte que ce soit, ne reçoive un droit plus considérable, s'il n'est pas conforme au tarif de la *Vicaria*, et en cas qu'il soit accordé une partie desdits droits d

greffe au juge, on ne pourra nonobstant en exiger de plus élevés que ceux déterminés par le susdit tarif, tant en matière civile qu'en matière criminelle, *etiam a sponte dante*, sous peine de privation perpétuelle de la charge de greffier.

11. *Item.* Comme les greffiers, en ne donnant pas connaissance aux officiers de la cour des plaintes qu'ils reçoivent et des informations qui en sont la suite, ont l'habitude de vendre la justice, à ces causes, — Nous ordonnons que ledit greffier tienne un livre dans lequel il devra enregistrer *statim* et incontinent toutes les plaintes et dénonciations qui seront adressées à ladite cour, et que, dans le délai de vingt-quatre heures, il donne connaissance au juge de toutes les informations qu'il aura prises, *etiam* celles non complétées, sous peine de faux et autre laissée à notre discrétion.

12. *Item.* Que ceux qui viennent dénoncer quelque crime et qu'on interroge à cet effet soient interrogés comme dénonciateurs, et non comme témoins, sous peine de faux pour le greffier qui n'en fera pas mention et ne transcrira pas l'interrogatoire dans cette forme.

13. *Item.* Que ledit greffier qui aura été choisi ait soin de prendre en compte toutes les informations qui se trouvent maintenant dans ladite cour, et toutes les instances, desquelles il fera un inventaire, et de même *deindè in antea*, et qu'il ait à transmettre en compte à son successeur ces pièces, qui devront être conservées en forme d'archives, afin qu'on puisse faire, quand il sera nécessaire, les recherches desdites enquêtes, le tout sous peine *de falso* et autre laissée à notre discrétion.

14. *Item*. Quand il y aura lieu d'incarcérer quelques personnes, hommes ou femmes, on devra les incarcérer dans les prisons de la *Grande Cour de l'Amirauté*, et non en autre lieu, en prenant soin de placer les hommes et les femmes dans des prisons séparées ; et, afin que toutes les dispositions qui précèdent soient observées et exécutées de la manière et dans la forme qui ont été prescrites par nous et réglées *ut suprà*, par la présente Pragmatique, *valiture omni futuro tempore, ut suprà*, nous établissons, ordonnons et commandons que, *ad unguem* et sans aucune infraction, les articles susénoncés de réforme soient observés et exécutés par les officiers dudit Tribunal ; et, pour l'observation et l'exécution de tout ce qui a été énoncé ci-dessus, ordonnons que la présente Pragmatique soit publiée dans cette susdite très-fidèle cité de Naples, afin que chacun en ait connaissance *et in futurum* ne puisse alléguer cause d'ignorance.

Datum Neap., in Regio Palatio, die ultimo mensis novembris 1589. *Le comte de Miranda*, etc.

N° 9. *Lettres de Philippe II, roi de Castille, relatives aux frais de procédure devant la Cour des filles publiques.* — 3 novembre 1593.

Pragmatica VII.

Trà i altri capitoli e ordini che per la Maestà del Rè nostro Signore ci sono stati mandati con sua Real lettera, della data de' 6 di Luglio prossimo passato del 1592 vi sono gl' infrascritti. *Videlicet.* Don Phelipo por la gracia de Dios, Rey de Castilla, prout f° 227.

1. Mando assi mismo, que, de aqui adelante, el Ivez, que es, o fuere de la Gabela de las meretrices, no compona ne habilite ninguna persona inquisida de blasfemia, o lenocinio, ni otros delitos atroces, sino que los castigue y exequte en los inquisidos las penas en las Prematicas contenidas.

2. Y porque el Ivez de la dicha Gabela de las meretrices hà llevado algunos pagamientos indevidos por las sententias, y autos, que hà dado, Mando que, de à qui adelante, non lleve mas de dos carlines por el decreto interlocutorio, y quatro por el difinitivo en causas criminales, y por las, que pronunciare en las civiles, non lleve derecho alguno, pues el Arrendador de la dicha Gabela le dà de salario quatro scudos cada mes.

E veduto per Noi il tenor de i preinserti capitoli e ordini della predetta Regia Cattolica Maestà, accioche con effetto si guardi, e osservi quanto per quella viene ordinato, e comandato; ci è parso farvi la presente per laquale, vi Diciamo e ordiniamo ch'inspetta per voi la forma, continenza e tenore de i preinserti capitoli, e ordini della Maestà sua, debbiate quelli e quanto in essi si contiene, osservare e esseguire senza replica, contradittione, nè diminuttione alcuna, e farete la presente publicare nel detto Tribunale della Gabella delle meretrici, attalche ogn'uno, *in futurum* ne habbia notitia e non si possa allegare ignoranza: non facendosi il contrario per quanto si ha cara la gratia, e servigio della predetta Maestà.

Dat. Neap., die 3 mensis novemb. 1593. *El conde de Miranda.* (*Ubi sup.,*)

TRADUCTION.

Parmi les autres articles et ordonnances qui ont été mandés par la Majesté de notre Seigneur Roi, avec sa royale Lettre à la date du 6 juillet de l'année dernière écoulée 1592, sont les dispositions suivantes. *Videlicet.* Don Philippe, par la grâce de Dieu, Roi de Castille, *prout*, fol. 227.

1. J'ordonne de même, que, dorénavant, le juge qui préside ou présidera à la gabelle des filles publiques ne reçoive à composition ou ne renvoie aucune personne accusée de blasphème, du crime d'entremetteur ou de tout autre crime grave, sans l'avoir châtiée et sans lui avoir appliqué les peines édictées dans les Pragmatiques.

2. Et comme le juge de ladite gabelle des filles publiques a exigé plusieurs salaires qui ne lui étaient pas dus pour prononcés de jugements et autres actes, — J'ordonne que, dorénavant, il n'exige pas plus de deux carlins pour le décret interlocutoire, et quatre pour le décret définitif, en matière criminelle, et que, en matière civile, il n'exige aucun droit, puisque le fermier de la gabelle lui donne pour salaire quatre écus chaque mois.

Et vu par nous la teneur des articles insérés ci-dessus et les ordres de la susdite Royale Majesté Catholique, afin que tout ce qui y est prescrit et commandé se garde et s'observe réellement, il nous a paru convenable de rendre la présente ordonnance, par laquelle, — Nous vous disons et ordonnons que, considérés par vous, les forme, contenance et teneur des articles insérés ci-dessus, et ordres de Sa Majesté, vous ayez à les observer et exécuter dans tout ce qu'ils contiennent, sans réplique, contradiction ni retranchement aucun ; et vous ferez publier les présentes dans ledit Tribunal de la Gabelle des filles publiques, afin que chacun *in futurum* en ait connaissance et ne puisse alléguer ignorance ; ne devant pas faire le contraire en tant que vous seront chers la grâce et le service de la susdite Majesté.

Datum Neap., etc.

Nota. — Le même recueil contient encore six autres Pragmatiques du 13 août 1610 au 14 juin 1678. Elles sortent par conséquent du cadre que nous nous sommes tracé. Elles n'ont d'ailleurs d'autre objet que de renouveler les dispositions précédentes et de provoquer une application plus sévère des lois antérieures, que le temps faisait oublier, et contre lesquelles les malheureuses justiciables dont elles voulaient réprimer les excès ne cessaient pas d'entreprendre. Ces lois interdisent aux femmes de mauvaise vie l'usage des carrosses, les chassent des quartiers prohibés qu'elles envahissaient, et les menacent de châtiments sévères et toujours inefficaces.

XIV

DISPOSITIONS RELATIVES AUX ENTREMETTEURS, DANS LES
Siete Partidas.

PART. VII, TIT. XXII DE LOS ALCAHUETES.

Alcahuetes son una manera de gente de que viene mucho mal a la tierra. Ca por sus palabras dañan a los que los creen, e los traen al pecado de luxuria. Onde pues que en los titulos ante deste fablamos de todas las maneras de fornicio. Queremos dezir en este de los alcahuetes : que son ayudadores del pecado. E mostraremos que quiere dezir alcahuete. E quantas maneras son dellos. E que danos nacen dellos. E de sus fechos. E quien los puede accusar. E ante quien. E que pena merecen despues que les fuere provada la alcahueteria.

Ley I. — Que quiere dezir alcahuete, e quantas maneras son dellos, et que dano nace dellos.

Leno en latin, tanto quiere dezir en romance como alcahuete, que engana las mugeres sosacando efaziendo las fazer maldad de sus cuerpos. E son cinco maneras de alcahuetas. La primera es de los vellacos malos que guardan las putas, que estan publicamente en la puderia tomando su parte de lo que ellas ganan. La segunda de los que anan por trujamanes alcohotando las mugeres que estan en sus casas para los varones, pro algo que dellos reciben. La tercera es, quando los omes tienen en sus casas captivas, o otras moças asabiendas, para fazer maldad de sus cuerpos, tomando dellas lo que assi ganaren. La quarta es, quando el ome es tan vil, que el alcahuete a su muger. La quinta es, quando alguno consiente que alguna muger casada, o otra de buen lugar, faga fornicio en su casa, por algo que le den, maguer non ande por trumajan entre ellos. E nace muy gran yerro destas cosas a tales. Ca por la maldad dellos muchas mugeres que son buenas se tornan malas. E aun las que oviessen començado a errar fazen se con el bollicio dellos peores. E demas yerran los alcahuetes en si mismos andando en estas malas fablas, e fazen errar las mugeres, aduziendo las a fazer maldad de sus cuerpos : e fincan despues deshonrradas porende, e aun sin todo esto, levantan se por los fechos de llos peleas, e muchos desacuerdos, et otrosi muertes de omes.

Ley II.— Quien puede acusar a los alcahuetes, e ante quien, e que pena merecen despues que les fuere provada el alcahoteria.

A los alcahuetes puede acusar cada uno del pueblo ante

los judgadores de los lugares, do fazen estos yerros e despues que les fuere provada el alcahoteria, si fueren vellacos assi como desuso diximos : deven los echar fuera de la villa a ellos e a las tales putas. E si alguno alogasse sus casas asabiendas a mugeres malas para fazer en ellas puteria, deve perder las casas, e ser de la camara del Rey, e demas deve pechar diez libras de oro. Otrosi dezimos que los que han en sus casas captivas, o otras moças para fazer maldad de sus cuerpos por dineros, que toman de la ganancia dellas, que si fueren captivas deven ser forras, assi como diximos en la quarta partida deste libro, en el titulo de los aforramientos de los siervos, en las leyes que fablan en esta razon. E si fueren otras mugeres libres aquellas que assi criaron, e tomaren precio de la puteria, que assi les fizieron fazer, deven las casar, et dar les dotes tanto de lo suyo aquel que las metio en fazer tal yerro de que puedan bivir : e si non quisieren o non ovieren de quo lo fazer, deven morir porende. Otrosi qualquier que alcahotasse a su muger dezimos que deve morir porende. Essa mesma pena deve aver el que alcahotasse a otra muger casada, o virgen, o religiosa, o biuda de buena fama por algo que le diessen, o le promettiessen de dar. E lo que diximos en este titulo ha lugar en las mugeres que se trabajan en fecho de alcahoteria.

(*Las Siete Partidas del sabio rey* DON ALONZO IX, nuevamente glosadas por el licenciado Gregorio Lopez, del consejo réal de Indias de Su Majestad. Madrid, 1611, 2 vol. in-fol.)

TRADUCTION.

PART. VII. TIT. XXII. DES PERSONNES QUI FAVORISENT LA DÉBAUCHE.

Les proxénètes sont une espèce de gens qui font naître beaucoup de maux sur la terre, car, par leurs paroles ils corrompent ceux qui les écoutent et les entraînent au péché de luxure. C'est pourquoi, puisque, dans les titres qui précèdent celui-ci, nous parlons de toutes les sortes de fornication, nous voulons traiter dans celui-ci des proxénètes, qui sont les auxiliaires du péché ; et nous montrerons ce que veut dire entremetteur (alcahuete) ; combien il y a d'espèces d'iceux ; et quels préjudices naissent d'eux ; et quelles sont leurs actions ; et qui les peut accuser ; et devant qui ; et quelle peine doit leur être infligée après que le crime d'excitation à la débauche a été prouvé.

Loi I. — Que veut dire proxénète. En combien d'espèces les proxénètes se divisent, et de quels préjudices ils sont cause.

Leno en latin signifie, de même que *alcahuete* en langue vulgaire, ceux qui trompent les femmes en les débauchant et en leur faisant faire péché de leurs corps. Il y a cinq espèces de *alcahuetas*. La première se compose des vils ribauds qui protègent les prostituées, placées publiquement dans des lieux de débauche, en touchant leur part du salaire qu'elles reçoivent ; la deuxième se compose de ceux qui font l'office de courtiers et débauchent les femmes qui sont dans leurs maisons, au profit des hommes qui les envoient et dont ils reçoivent un salaire ; la troisième se compose des hommes qui entretiennent dans leurs maisons des esclaves ou d'autres jeunes filles qui font péché de leurs corps et dont ils se réservent les salaires ainsi gagnés ; la quatrième est celle de l'homme assez vil pour exciter la débauche de sa propre femme ; la cinquième comprend ceux qui permettent, pour de l'argent, qu'une femme mariée, ou toute autre de bon lieu, se livre au libertinage dans leurs maisons, encore qu'ils n'aient pas servi d'intermédiaires entre les coupables. Et il naît un très-grand mal de ces crimes pour les personnes qui en sont victimes ; car par la méchanceté des coupables, beaucoup de femmes qui sont bonnes deviennent mauvaises, et même celles qui avaient commencé à pécher deviennent pires par les intrigues de ces misérables ; et outre que les proxénètes font beaucoup de mal par eux-mêmes, et par leurs détestables discours, et égarent les femmes en les induisant à faire péché de leurs corps, lesquelles restent ensuite déshonorées à cause de cela, ils excitent encore par leurs mauvaises actions des rixes, et beaucoup de discordes et même des homicides.

Loi II. — *Qui peut accuser les entremetteurs, et devant qui, et quelle peine doit leur être infligée après que le crime d'excitation à la débauche a été prouvé.*

Toute personne du peuple peut accuser les proxénètes devant les juges des lieux où les faits se sont passés, et, après que le crime d'excitation à la débauche a été prouvé, si les accusés sont des ribauds, comme nous avons dit ci-dessus, on doit les chasser de la ville, eux et les filles publiques avec lesquelles ils vivent. Et si quelqu'un a loué sciemment sa maison à de mauvaises femmes pour qu'elles y établissent une maison de débauche, ladite maison est confisquée au profit de la chambre du Roi, et de plus le contrevenant doit payer dix livres d'or. Nous ordonnons en outre que ceux qui ont dans leurs maisons des esclaves ou d'autres jeunes filles faisant péché de leurs corps moyennant salaire, et qui prennent pour eux ce qu'elles gagnent, leur donnent la liberté si elles sont esclaves, comme nous l'avons dit dans la quatrième partie de ce livre, au titre des affranchissements des esclaves, dans les lois qui traitent de ce sujet ; et si ce sont d'autres femmes libres qu'ils tiennent chez eux de cette manière, pour toucher le prix de la débauche à laquelle ils les excitent ainsi, ils doivent les marier et leur donner de leur propre bien une dot égale au profit qu'ils en ont tiré en leur faisant commettre le péché et avec laquelle elles puissent vivre. Et s'ils ne le veulent pas faire ou n'ont pas assez de bien pour fournir cette dot, ils doivent être condamnés à mort. En outre, quiconque a favorisé le libertinage de sa femme, nous ordonnons qu'il meure pour un semblable crime ; la même peine doit être appliquée à celui qui a favorisé la débauche de toute autre femme mariée, ou vierge, ou religieuse, ou veuve de bonne renommée, moyennant salaire ou promesse de salaire. Et ce que nous disons dans ce titre s'applique également aux femmes qui s'entremettent pour favoriser la débauche.

A. Racinet, fils, d'après Crispin de Pass. — Gravé par Adrien Lavieille

UNE SOIRÉE CHEZ LA SCHOON MAIJKEN, A BRUXELLES.

XV

LOIS RELATIVES A LA PROSTITUTION RENDUES PAR LES ROIS D'ESPAGNE.

N° 1. *Défense aux femmes publiques de se servir de coches, carrosses, litières ou chaises.* — 3 janvier 1611.

Lib. vi. Tit. xix. *Ley 9. D. Philippe III. Pragmatica en Madrid en 3 de enero* 1611.

6. Otrosi mandamos que ninguna muger que publicamente fuere mala de su cuerpo y ganare por ello pueda andar en coche, ni carroza, ni en litera, ni en silla en esta Corte, ni en otro algun lugar de estos nuestros Reinos, su pena de quatro años de destierro de ella con las cinco leguas i de qualquier otro lugar, i su gurisdicion, adonde anduviere en coche o carroza, litera, o silla por la primera vez; i por la segunda sea traida a la verguenza publicamente, i condenada en el dicho destierro.

TRADUCTION.

6. En outre nous ordonnons qu'aucune femme qui fait publiquement péché de son corps, et en tire profit, n'aille en coche, en carrosse, en litière ou en chaise, en cette capitale ni en aucun autre lieu de nos royaumes, sous peine, pour la première fois, de quatre ans de bannissement à cinq lieues de toute localité appartenant à la juridiction de la ville où elle est allée en coche, en carrosse, en litière ou en chaise. Et pour la seconde fois elle sera condamnée à l'exposition publique et audit bannissement.

N° L. *Défense aux filles publiques de porter sur elles de l'or, des perles, de la soie, etc.*

Lib. iv. Tit. xii. *Ley* 1, 1534, 1537, 1563, 1564, 1586, etc.

13. *Item.* Mandamos que las mugeres que publicamente son malas, i ganan por ello no puedan traer ni traigan, oro, ni perlas, ni seda, so pena de perder la ropa de seda, i con ella lo que traxeren; i los verdugados de seda que traxeren; i en quanto los bordados, i guarniciones de oro entendiendose lo que esta prohibido generalmente como se ha, i devo entender, mucha mas razon á para que comprehenda a este genero de gente. I hase de entender ass

mismo que lo que esta prohibido generalmente a todas las mugeres cerca de los trages, i vestidos, no los han de poder traer las dichas mugeres publicas ni en sus casas, ni fuera de ellas ; pero lo que ha ellas particularmente se las prohibe no se ha de entender dentro de sus casas, sino fuera de ellas, como siempre se ha interpretado, i acostumbrado, i para obviar, i evitar todo genero de calumnias, fraudes i achaques. (Voy., pour les n°ˢ 1 et 2, *Las leges de Recopilacion* (divisées en 9 livres). Madrid, 1772, 3 vol, in-fol., t. II, p. 157 et 231.)

TRADUCTION.

Item. Ordonnons que les femmes qui se livrent à la débauche publique et en tirent un salaire ne puissent porter et ne portent ni or, ni perles, ni soie, sous peine de perdre la robe de soie et ce qu'elles porteraient en même temps, et les vertugadins de soie qu'elles porteraient ; et quant aux bordures et aux garnitures d'or, il est bien entendu que ce qui est généralement prohibé l'est également, et doit être considéré comme l'étant avec beaucoup plus de raison, en ce qui concerne cette sorte de gens. Et l'on doit entendre de même que les costumes et vêtements qui sont interdits généralement à toutes les femmes ne peuvent être portés par lesdites femmes publiques ni chez elles, ni au dehors ; pour ce qui est défendu particulièrement à ces dernières, la prohibition n'a pas lieu pour le cas où elles sont chez elles, mais seulement lorsqu'elles sont dehors, comme il a toujours été compris et accoutumé, et pour empêcher et éviter tous genres de calomnies, de fraud et de dénonciations.

N° 3.

Lib. XII. Tit. XXVI. DE LOS AMANCEBADOS Y MUGERES PUBLICAS.

Ley VI. *D. Felipe II, en Madrid, por Pragm. de 18 feb. de 1575.*

Prohibicion de tener las mugeres publicas criadas menores de quarenta anos, y escuderos; y de usar habito religioso, almohada y tapete en las iglesias.

Las mugeres que publicamente son malas de sus personas, y ganan por ello en estos nuestros Reynos, non puedan traer ni traigan escapularios ni ostros habitos ningunos de religion, so pena que pierdan el escapulario, o otro qualquier habito tal, y mas manto y la primera ropa, basquiña o saya que debaxo del habito traxeren : lo qual todo mandamos se venda en publica almoneda, y no se dexe en ninguna manera ni por ningun precio a la parte, ni se use de moderacion alguna en la tasacion dello; y asi vendido se aplique por tercias partes a nuestra Camara, obra, pias, y al denunciador.

1. Otrosi porque con su exemplo no se crien facilmente otras, mandamos, que las tales mugeres non puedan tener ni tengan en su servicio criadas menores de quarenta años; so pena que las amas sean desterradas por un año

preciso, y mas paguen dos mil maravedis aplicados de la misma manera por tercias : y queremos que asimismo sean desterradas las criadas, que menores de quarenta años las servieren, por un año preciso.

2. Otrosi mandamos que las tales mugeres non tengan en su servicio, ni se acompañen de escuderos ; su pena que asi ellas como ellos sean castigados como las amas y criadas en el capitulo precedente.

3. Otrosi mandamos que las tales mugeres no lleven a las iglesias ni lugares sagrados almohada, coxin, alhombra, ni tapete ; so pena que lo hayan perdido y pierdan, sea del alguacil que lo tomare. Todo lo qual queremos, que se guarde, cumpla y execute como en esta ley se contiene, quedando en su fuerza y vigor las demas leyes de nuestros Reynos que hablan de los trages, y vestidos, y otras cosas a las dichas mugeres publicas tocantes, en lo que a esta non fueren contrarias. (*Ley.* 7, *tit.* 19, *lib.* VIII, R.)

TRADUCTION.

LIV. XII. TIT. XXVI. DE CEUX QUI VIVENT EN CONCUBINAGE ET DES FILLES PUBLIQUES.

Loi VI. Don Philippe II, à Madrid, par pragmatique du 18 février 1575.

Défense aux femmes publiques d'avoir chez elles des servantes de moins de quarante ans et des écuyers, de porter l'habit religieux, et de se servir de carreaux ou de tapis dans les églises.

Que les femmes qui font publiquement péché de leurs corps et en tirent salaire dans nos royaumes ne puissent porter, ni ne portent en effet, ni scapulaires ni aucun autre vêtement de religion, sous peine de perdre le scapulaire ou tout autre vêtement de ce genre, et de plus la mante et la première robe, basquine ou jupe de dessus qu'elles porteraient sous ledit habit religieux : nous ordonnons que tous les objets confisqués soient vendus à l'encan public, ne soient en aucune manière et pour aucun prix adjugés à la délinquante, et que la mise à prix en soit fixée sans aucune diminution. Le prix de ces objets ainsi vendus est divisé en trois parts, qui sont attribuées à notre chambre, à des œuvres pieuses et au dénonciateur.

1. En outre, pour que leur exemple ne provoque pas trop facilement la multiplication de ces femmes de mauvaise vie, nous ordonnons que de telles femmes ne puissent avoir et n'aient en effet à leur service des servantes âgées de moins de quarante ans, sous peine pour les maîtresses d'être bannies pendant une année entière, et de payer deux mille maravédis, divisés en trois parts et appliqués de la même manière. Nous voulons que les domestiques au-dessous de quarante ans, qui se sont mises à leur service, soient également bannies pour une année entière.

2. En outre, nous défendons que de telles femmes prennent à leur service des écuyers et se fassent accompagner par eux ; sous la peine, pour eux et pour elles, prévue pour les maîtresses et les servantes dans l'article précédent.

3. En outre, nous défendons à de telles femmes de porter dans les églises des carreaux, coussins ou tapis, et lesdits objets seront confisqués au profit des alguazils qui les auront saisis. Nous voulons que les dispositions qui précèdent se gardent, s'accomplissent et s'exécutent, ainsi qu'il est déterminé par la présente loi, sans préjudice des autres lois de nos royaumes, traitant des costumes, vêtements et autres choses relatives auxdites femmes publiques, lesquelles lois conservent leur force et vigueur en tout ce qui n'est pas contraire à la présente.

N° 4.

Ley VII. *D. Felipe IV en Madrid, por pragmatica de* 10 *de feb. de* 1623, *en los cap. de reformacion.*

Prohibicion de mancebias y casas publicas de mugeres en todos los pueblos de estos Reynos.

Ordenamos y mandamos, que de aqui adelante en ninguna ciudad, villa ni lugar de estos Reynos se pueda permitir ni permita mancebia ni casa publica, donde mugeres ganen con sus cuerpos; y las prohibimos y defendemos, y mandamos se quiten las que hubiere; y encargamos a los del nuestro Consejo, tengan particular cuidado en la execucion, como de cosa tan importante; y a las Justicias, que cada una en su distrito lo execute; so pena que, si en alguna parte las consintieren y permitieren, por el mismo caso les condenamos en privacion del officio, y en cincuenta mil maravedis aplicados por tercias partes, Camara, Juez y denunciador; et que lo contincdo en esta ley se ponga por capitulo de residencia. (*Ley 8, tit. 19, lib. 8, R.*)

TRADUCTION.

Loi VII. Don Philippe IV à Madrid, par pragmatique du 10 février 1623, dans les articles de réformation.

Interdiction de lieux de débauches et de maisons publiques de femmes de mauvaise vie dans toutes les provinces de ce royaume.

Nous mandons et ordonnons que dorénavant, en aucune cité, ville, ni localité de ces royaumes, on ne puisse permettre, et on ne permette en effet, l'établissement de lieux de débauche et de maisons publiques où les femmes gagnent un salaire en faisant péché de leurs corps. Nous prohibons et défendons de telles maisons, et nous ordonnons que celles qui existent soient supprimées. Et nous chargeons les membres de notre Conseil de tenir particulièrement la main à l'exécution de la présente, comme à chose très-importante, et les tribunaux de l'exécuter chacun dans son ressort, sous peine pour les juges, si en quelque lieu ils les autorisent et les permettent, d'être condamnés pour ce fait à la privation de leurs offices et à une amende de cinquante mille maravédis, applicables par tiers à notre chambre, au juge et au dénonciateur; et que le contenu de la présente loi soit ferme et stable à toujours.

N° 5.

Ley VIII. *El mismo allí a* 11 *de julio de* 1611.

Recogimiento de las mugeres perdidas de la Corte, y su reclusion en la galera.

Por diferentes ordenes tengo mandado se procuren recoger las mugeres perdidas ; y echo ménos que en las relaciones, que se me remiten por los Alcaldes, no se me da cuenta de como se executa : y porque tengo intendido, que cada dia crece el numero de ellas, de que se occasionan muchos escandalos y perjuicios à la causa publica, daréis orden a los alcaldes, que cada uno en sus quarteles cuide de recogerlas, visitando las posadas donde viven ; y que las que se hallaren solteras y sin oficio en ellas, y todas las que se encontraren en mi Palacio, plazuelas y calles publicas de la misma calidad, se prendan y lleven à la casa de la galera, donde esten el tiempo que pareciere conveniente ; y de lo que cada uno obrare, me dé cuenta en las relaciones que de aqui adelante hicieren con toda distincion. (*Aut.* 2, *tit.* 11, *lib.* 8, *R.*)

TRADUCTION.

Loi VIII. *Le même dans le même lieu,* 11 *juillet* 1611. —
(Cette date est fautive. La loi qui suit est certainement

postérieure à la précédente et doit par conséquent être placée entre 1623 et 1640, fin du règne de Philippe IV.)

Ordre de rassembler les femmes perdues de la capitale et de les renfermer dans la maison de force.

Par différentes ordonnances j'ai prescrit que l'on eût soin de renfermer les femmes perdues ; néanmoins, dans les rapports qui me sont remis par les alcades, il ne m'est pas rendu compte de l'exécution de ces ordonnances ; et parce que j'ai appris que chaque jour le nombre de ces femmes va croissant, ce qui donne lieu à beaucoup de scandales et cause un grand préjudice à la chose publique, je donne l'ordre aux alcades que chacun dans son quartier ait soin de les arrêter, en visitant les hôtelleries qu'elles habitent, et que les femmes célibataires et sans profession qui se trouveront, et toutes celles de la même qualité qui seront rencontrées dans mon palais, dans les places et rues publiques, soient arrêtées et conduites à la maison de force, où elles resteront tout le temps qui paraîtra convenable ; et chacun me rendra spécialement compte de l'exécution des présentes dans les rapports qu'il dressera dorénavant dans le plus grand détail.

N° 6.

Tit. XXVII. De los rufianes y alcahuetes.

Ley I. *D. Enrique IV en Ocaña año de* 1469, *pet.* 22.

Prohibicion de tener rufianes las mugeres publicas, y pena de estas y de ellos.

Muchos ruidos y escandalos, muertes y heridas de hombres se recrecen en nuestra Corte y en las ciudades y villas de nuestros Reynos por los rufianes; los quales como estan ociosos, y comunmente se allegan a cabelleros y hombres de manera, donde hay otra gente, hallanse acompañados y favorecidos, y son buscadores y causadores de los dichos daños y males, y no traen provecho a aquellos a quien se allegan, y por esto non son cosentidos en otros Reynos y partes: por ende mandamos que las mugeres publicas, que se dan por dinero, no tengan rufianes; so pena que qualquier dellas que lo tuviere, que le sean dados publicamente cien azotes por cada vez que fuere hallado que lo tiene publica o secretamente, y demas, que pierda toda la ropa que tuviere vestida; y que la mitad desta pena sea para el Juez que lo sentenciare, y la otra mitad para los Alguaciles de la nuestra Corte, y de las ciudades, villas y lugares de esto acaesciere; pero si el Alguacil fuere negligente en esto, la pena sea para el que lo acusare o demandare. Y otrosi mandamos que en la nuestra Corte ni en las ciudades ni villas de nuestros Reynos no haya rufianes; y si de aqui adelante fueren hallados, que por la primera vez sean dados à cada uno cien azotes publicamente; y por la segunda vez sean desterrados de la nuestra Corte, y de la ciudad, villa y lugar donde fueren hallados, por toda su vida; y por la tercera vez, que mueran por ello enforcados; y demas de las dichas penas, que pierdan las armas y ropas que consigo truxeren, cada vez que fueren tomados; y que sea la mitad para el Juez que la sentenciare, y la otra mitad, para el que lo acusare; y qualquier persona pueda tomar y prender por su propria autoridad al rufian, donde quier que lo hallare, y llevarle luego sin detenimiento ante la justicia, para que en él executen las dichas penas. (*Ley 4, tit. 11, lib. 8, R.*)

TRADUCTION.

Titre XXVII. Des ruffians et de ceux qui encouragent la débauche.

Loi 1. D. *Enrique IV, à Ocana, année* 1469.

Interdiction aux femmes publiques d'entretenir des ruffians; peine des unes et des autres.

Beaucoup de tumultes, de scandales, de morts d'hommes et de blessures surviennent dans notre capitale, dans les cités et bourgs de nos royaumes par le fait des ruffians, lesquels, vivant dans l'oisiveté, et communément se confondant avec les cavaliers et les hommes de condition, là où il y a des gens d'une autre espèce, se trouvent protégés et favorisés, sont les provocateurs et les causes desdits préjudices et desdits maux, nuisent ainsi à ceux avec lesquels ils se confondent, et pour cela ne sont pas tolérés dans les autres royaumes ou pays ; en conséquence, nous ordonnons que les femmes publiques qui se donnent pour de l'argent n'entretiennent pas de ruffians, sous peine, pour chacune de celles qui en entretiendraient un, de recevoir publiquement cent coups de fouet, chaque fois qu'il aura été prouvé qu'elle en entretient un publiquement ou secrètement, et de plus de perdre tout le costume dont elle est trouvée vêtue. La moitié de cette amende sera pour le juge qui aura prononcé la sentence, et l'autre moitié pour les alguazils de notre capitale, et des cités, bourgs et lieux où la contravention aura été commise. Toutefois, si l'alguazil a négligé de sévir contre la coupable, l'amende appartiendra à celui qui l'aura accusée ou qui aura porté plainte. En outre nous défendons que dans notre capitale, ni dans les cités ou bourgs de nos royaumes, les ruffians soient tolérés ; et si dorénavant il y en est trouvé, que pour la première fois chacun reçoive publiquement cent coups de fouet ; que pour la seconde fois il soit banni à perpétuité de notre capitale et des cité, bourg ou lieu où il aura été trouvé ; et pour la troisième fois qu'il soit pendu. Outre ces peines, que les coupables perdent les armes et les vêtements qui auront été trouvés sur eux ; chaque fois qu'ils auront été pris, que la moitié du produit de la confiscation soit pour le juge qui a prononcé la sentence, et l'autre moitié pour celui qui les a accusés. Chaque personne peut arrêter et prendre de sa propre autorité le ruffian en quelque lieu qu'elle le trouve, et le conduire immédiatement et sans retard devant la justice, pour que lesdites peines lui soient appliquées.

N° 7.

Ley II. *D. Carlos I, y Doña Juana, y el Príncipe D. Felipe en Monzon, por Pragm. de 25 de nov. de* 1552 ; *y D. Felipe II, por otra de 3 de mayo de* 1566.

Aumento de pena a los rufianes.

Mandamos que los rufianes, que según las leyes de nuestros Reynos deben ser condenados por la primera vez en pena de azotes, la pena sea, que por la primera vez le traigan à la vergüenza, y sirva en las nuestras galeras diez años ; y por la segunda vez le sean dados cien azotes, y sirva en la dichas galeras perpetuamente ; y mas pierdan la ropas, que la ley dispone, la primera y segunda vez. Y en quanto a la edad de veinte años, se guarde con los dichos rufianes lo que esta dispuesto y declarado cerca de los ladrones. (*Ley* 5, *y* 10, *tit.* 11, *lib.* 8, *R.*) (V., pour les n⁰ˢ 3, 4, 5, 6, 7, *Novisima recopilacion de las leyes de Espana, edicion publicada por Don Vicente* SALVA (divisée en 12 livres). Paris, 1846, 5 vol. in-4⁰, t. IV, p. 631 et seq.)

TRADUCTION.

Loi II. *D. Carlos I et dona Juana et le prince D. Philippe à Mouzon, par pragmatique du* 25 *novembre* 1552 ; *et D. Philippe II, par une autre du* 3 *mai* 1566.

Aggravation de peine pour les ruffians.

Nous ordonnons que les ruffians qui, en vertu des lois de nos royaumes, doivent être condamnés pour la première fois à la peine du fouet, subiront dans le même cas la peine de l'exposition publique et de dix années de galères ; pour la seconde fois, ils recevront cent coups de fouet et seront condamnés en outre aux galères perpétuelles, et de plus ils perdront leurs vêtements, ainsi que la loi l'ordonne, à la première et à la seconde fois. Et pour ceux qui n'ont pas dépassé l'âge de vingt ans, on devra exécuter, en ce qui concerne lesdits rufflans, ce qui a été établi et déclaré à l'égard des voleurs (V. eod. lib. tit xiv, *L.* 1 et 2 ; par la première, les jeunes gens au-dessous de vingt ans sont dispensés des galères ; par la seconde, ils sont soumis à cette peine, pourvu qu'ils aient la force de la supporter et qu'ils aient au moins dix-sept ans).

BOUGE HOLLANDAIS. — FIN DU XVIe SIÈCLE.
D'après de Waël. (Bibl. Nat. de Paris. Cab. des Est. Œuvres de De Waël.)

XVI

LOIS DU PORTUGAL.

QUINTO LIVRO. TITULO XXXII. — *Dos alcoviteiros e dos que em suas casas consentem a mulheres fazerẽ mal de seus corpos.*

Qualquer pessoa, assi homena, quomo mulher, que alcovitar mulher casada, ou consentir que em sua casa faça maldade de seu corpo, morra por ello, e perca todos seus beés. E se alcovitar algũa freira professa que stó em mosteiro, ou consentir que a freira em sua casa faça mal de seu corpo, seja açoutada e degradada para sempre para o Brasil et perca seus beés.

1. E se alcovitar algũa moça virgem ou viuva honesta de boa fama ou consentir que em sua casa faça mal de seu corpo, seja açoutada e degradada para sempre fora da villa e termo e perca seus beés. E qualquer que polo dito maleficio for a primeira vez accusada, e em a dita pena

condenada, sĩ despois commetter outro qualquer maleficio da sobre dita qualidade d'alcovitaria, sendo por ello segunda vez accusada, e lhe for provado, será degradada para sempre para o Brasil e perdera seus beẽs.

2. E a pessoa que alcovitar filha ou irmaã da quelle ou da quella cõ que viver ou de que for paniaguado ou de que recebeo bemfazer, ou consentir que em sua casa faça mal de seu corpo, morra por ello, e perca seus beẽs. E se alcovitar alguã sua parenta ou affim dentro de quarto gráo contado segundo direito canonico, que stè guardada das portas adentro daquelle com que viver va degradada para sempre para o Brasil. E se alcovitar criada da pessoa com que assi viver, que stè guardada das portas adentro, ou moça que stè em casa do dito seu amo sob sua guarda ou deposito sera degradada dez anno para o Brasil.

3. E o que alcovitar alguã christaã para Mouro, ou Judeu, ou para outro infiel, con que em sua casa consentir que faça mal de seu corpo, morra por ello, et perca seus beẽs.

4. E qualquer pessoa que der consentimento a sua filha, que tenha parte com algum homẽ para com ella dormir, posto que não seja virgem seja açoutada com baraço e pregaõ pela villa e degradada para sempre para o Brasil e perca seus beẽs. E sendõ de qualidade em que naõ caibaõ açoutes, haverá sómẽte a dita pena do Brasil.

5. E quando algũs forem condenados nos sobreditos casos em perdimento de beẽs, sera ametade para quem os accusar e a outra para nossa camara.

6. E em todos os casos em que alguá mulher for condenada por alcoviteira em alguá das penas sobreditas, onde naõ haja de morrer, ou ir degradada para o Brasil, traga sempre polaina ou enxaravia vermelha na cabeça fóra de sua casa, et assi se ponha na sentença, e naõ a trazendo seja degradada para sempre para o Brasil.

7. E tota a pessoa a que for provado que alcovitou alguás das sobreditas pessoas posto que se naõ prove que a alcovitaria houve effecto pelo dito commettimente seja degradada dez annos para o Brasil se ella houvera de morrer por a dita alcovitaria, se viera a effecto. E nos outros casos em que naõ houvera de morrer será degradada quatro annos para Africa sendo homé, et sendo mulher seis, para *Castro Marim*.

TITULO XXXIII. *Dos ruffiaés e mulheres solteiras.*
Defendemos, que nenhûa pessoa tenha manceba teuda em mancebia de que receba bemfazer, ou ella delle. E o que o contrario fizer assi elle quomo ella sejão açoutados publicamente pelo lugar em que isto for, e elle será degradado para Africa, e ella para o couto de Castro Marim até nossa merce e mais quada hum delles pague mil reis para quem os accusar. Porem sendo elle scudeiro, ou se tratar quomo tal, seja sómête degradado para fora de villa et termo cõ pregaõ na audiencia, e mais pague os ditos mil reis

1. Porem se as mulheres assi culpadas neste maleficio antes de serem por elle presas, se casaré, ou entraré em religiaõ, se guardara em todo o que dissemos no titulo : que nenhû homé cortezão traga barregaã na Corte. (*Ordana-*

ções e leis de reino de Portugal recopiladas per mandado do muito alto catholico et poderoso rei dom *Philippe o Pri°*. Lisboa, 1603, in-f°.)

TRADUCTION.

LIV. V. TIT. XXXII. — *Des entremetteurs et de ceux qui reçoivent dans leurs maisons des femmes pour qu'elles y fassent péché de leurs corps.*

Toute personne, homme ou femme, qui débauche une femme mariée ou la reçoit dans sa maison pour qu'elle s'y livre au libertinage, sera pour ce crime condamnée à mort et à la confiscation des biens. Et si elle débauche une religieuse professe qui est dans un monastère, ou consent que cette religieuse se livre au libertinage dans sa maison, elle sera fouettée, exilée à perpétuité au Brésil et ses biens seront confisqués.

1. Et si elle débauche une jeune fille vierge ou une veuve honorable et de bonne renommée, ou la reçoit dans sa maison pour qu'elle y fasse péché de son corps, elle sera fouettée et exilée à perpétuité de la ville et du pays, et ses biens seront confisqués. Et toute personne qui aura été une première fois accusée de ce crime et condamnée à ladite peine, et qui ensuite commettra quelque autre délit d'excitation à la débauche, ainsi qu'il a été déterminé ci-dessus, si elle est accusée pour la seconde fois et convaincue de ce fait, sera exilée à perpétuité au Brésil et ses biens seront confisqués.

2. Et toute personne qui débauche la fille ou la sœur de celle ou de celui avec lesquels elle vit, dont elle est la protégée ou dont elle a reçu quelque bien, ou qui reçoit dans sa maison cette fille ou cette sœur pour qu'elles y fassent péché de leurs corps, sera condamnée à mort ou à la confiscation de ses biens ; et si elle débauche sa parente ou alliée jusqu'au quatrième degré, en comptant conformément au droit canonique, laquelle parente ou alliée habite dans la maison de la personne avec laquelle vit la coupable, que celle-ci soit exilée à perpétuité au Brésil. Et si elle débauche la servante de la personne avec laquelle elle vit également, laquelle servante loge dans la même maison, ou une jeune fille qui demeure dans la maison de ladite personne sous sa garde et dépôt, elle sera exilée pour dix années au Brésil.

3. Et celui qui débauche une chrétienne pour la livrer à un Maure ou à un juif ou à un autre infidèle, ou qui la reçoit dans sa maison pour qu'elle y fasse péché de son corps, sera condamné à mort et à la confiscation des biens.

4. Toute personne qui consentira à ce que sa fille se livre à un homme pour qu'il dorme avec elle, bien que celle-ci ne soit pas vierge, sera fouettée avec une corde, et sa condamnation sera proclamée par la ville, et elle sera en outre exilée à perpétuité au Brésil, et ses biens seront confisqués. Si elle est par sa qualité affranchie de la peine du fouet, son châtiment sera réduit à l'exil au Brésil.

5. Et lorsque les coupables auront été condamnés pour lesdits crimes à la perte des biens, le produit de la confis-

cation sera partagé par moitié entre ceux qui les auront accusés et notre chambre royale.

6. Dans tous les cas où quelque femme aura été condamnée pour excitation à la débauche à quelques-unes des peines susdites, qui sont au-dessous de la mort et de l'exil au Brésil, elle devra porter à perpétuité une coiffure ou ornement de tête rouge sur sa tête hors de sa maison, et il en sera fait mention dans le jugement, et si elle ne le porte pas, elle sera exilée à perpétuité au Brésil.

7. Et toute personne qui sera convaincue d'avoir voulu débaucher quelques-unes des personnes dessus dites, encore qu'il ne soit pas prouvé que ces tentatives ont eu pour effet la perpétration dudit délit, sera exilée pour dix années au Brésil, si elle devait encourir la mort pour ladite excitation à la débauche dans le cas où elle aurait eu son effet. Et dans les autres cas pour lesquels la loi ne prononce pas la mort, elle sera exilée pendant quatre ans en Afrique si c'est un homme, et si c'est une femme pendant six ans à *Castro-Marim*.

Tit. xxxiii. *Des ruffians et femmes publiques.*
Nous défendons qu'aucune personne garde chez elle une fille publique pour la livrer à la prostitution, et en retirer quelque bénéfice, ou lui payer à cet effet quelque salaire. Et quiconque, homme ou femme, contreviendra à cette ordonnance, sera fouetté publiquement dans le lieu où le crime aura été commis ; si c'est un homme, il sera en outre exilé en Afrique, et si c'est une femme, elle sera reléguée dans le refuge de *Castro-Marim,* jusqu'à ce qu'ils aient

obtenu notre pardon, et en outre, chacun d'eux payera mille reis à ceux qui les auront accusés. Toutefois, si le coupable est noble ou en a les priviléges, il sera seulement exilé hors de la ville et du pays, avec publication de cette condamnation dans le tribunal, et payera lesdits mille reis.

1. Néanmoins, si, avant d'être arrêtées, les femmes coupables des crimes susdits se marient ou entrent en religion, qu'on exécute en tout ce que nous avons dit au titre : « Qu'aucun homme de cour ne conduise une concubine dans le lieu de la résidence royale. »

XVII

ASSISES DE JÉRUSALEM.

Chap. ccxx. — *Ici dirons la raison de la feme pecheresse et de ce c'on li done, ce mais le peut recouvrer ou non, et la raison de ce c'on done a autre par pauor de ce qu'il le trova faisant mauvaise euvre, s'il det recouvre ce que il douna par cele pauor.*

S'il avient par aucune mesavanture que destine soit que aucune feme soit pecheresse por ce c'on li done, et il avient que aucun chevalier, o \erier, ou borgeis, ou qui que il soit, s'acorde o cele feme, ou par sei ou par luy, ou par mesage d'amors, et il avient qu'il li baille dou cien ou fait bailler, par ce qu'elle dée gesir o luy, et cele le receit et ne veut puis gesir o luy, la raison juge et commande à juger que la feme ne deit estre distreite (contrainte) de pecher o luy, ne de rendre li ce que elle a pris dou sien, por ce qu'il li dona ce por peché et por maufaire, et por ce n'en est tenue de riens rendre, se elle ne veut, par dreit ne par l'asise. Mais se il avient que aucuns hon soit pris en aucun vilein peché, si com est en avoultire (adultère), et sur cele pour li done aucune chose dou sien, la raison juge et commande à juger que encores li donast il dou sien por laide chose, si est il tenus dou rendre, par dreit, por ce que par paour li douna. Mais ci li dona par vergoigne de ce qu'il l'avet veu en celuy peché faire, n'en est tenus de ce rendre, par dreit. Encement et c'il avet eu conpaignie o la pecheresse plusors fois ou aucune fois, et il avet tout despendu le sien en berre et en manger, et en vesteures et en chaucier, lui et la pecheresse, et puis avient que celuy se courouce o la pecheresse, et veut qui li rende ce qu'il a despendu sur luy, la raison juge et comande que celuy n'en deit mais rien recouvrer de ce qu'il a mis en luy, se non en une vileine raison, ce est : se il veut recouvrer ce que il a baillé à la feme pecheresse, si deit on faire venir un Sarazin en une maison, qui gise o luy, o une cheville de fust dou gros de la verge d'un houme ou de celuy, tantes fois comme la feme dira par sa léauté qu'il ait peché o luy ; et puis que se li avera esté fait, la feme pecheresse est tenue de rendre li tout ce qui se trouvera que il li ait fait ; et ce qui ne se trouvera, qui sera gasté et usé, si ne deit mie la feme amender, ains det estre conté por les autres servises qu'elle li aura fait. Et ce est dreit et raison par dreit et par l'asise dou reaume de Jerusalem. (*Recueil des historiens des Croisades. Lois. Assises de Jérusalem. Assises de la cour des bourgeois.* Publ. par M. le comte BEUGNOT. Paris, 1843, in-fol., II, p. 151.)

XVIII

Acte du parlement d'Angleterre (1161).

In a parliament holden at Westminster, the eighth of Henry the second, it was ordained by the commons, and confirmed by the King and Lords, that divers constitutions for over should be kept within that lordship, or franchise, according to the old customes, that had been thereo used time time of minde: amongst the which these following were some: videlicet.

That no stew-holder, or his wife, should let or stay any single woman to goe and come freely at all times, when they listed.

No stew-holder to keepe any woman to boord, but she to boord abroad at her pleasure.

To take no more for the womans chamber in the weeke, than foureteene pence.

Not to keepe open his doores upon the holy-dayes.

Not to keepe any single woman in his house on the holy-dayes, but the bayliffe to see them voyded out of the ordship.

No single woman to bee kept against her will, that would leave her sinne.

No stew-holder receive any woman of religion, or any mans wife.

No single woman to take mony to lye with any man, except she lye with him all night, till the morrow.

No man to be drawne or inticed into any stew-house.

The constables, bayliffe, and others, every weeke to search every stew house.

No stew-holder to keepe any woman, that as the perillous infirmity of burning; nor to sell bread, ale, flesh, fish, wood, coale, or any victuals, etc. (JOHN STOW. *The survey of London contayning the originall, increase, moderne estate, and government of that city.* London, 1633, in-f°, p. 448.)

TRADUCTION.

Dans un parlement tenu à Westminster, la huitième année du règne de Henri II, il a été ordonné par les communes, confirmé par le roi et les lords, que diverses constitutions seraient observées à jamais dans cette seigneurie (de Southwark), ou lieu de franchise, conformément aux anciennes coutumes qui ont été en usage dans ce lieu de temps immémorial. Parmi lesquelles étaient les suivantes ; *videlicet* :

Qu'aucun maître d'étuve ou sa femme ne souffre ou permette qu'une fille aille et vienne librement lorsqu'ils l'ont engagée à leur service.

Qu'aucun maître d'étuve ne garde une femme en pension, mais qu'elle prenne pension au dehors à sa fantaisie.

Qu'il ne prenne pour la chambre d'une femme plus de quatorze *pence* par semaine.

Qu'il ne garde pas les portes ouvertes dans les jours consacrés.

Qu'il ne garde aucune fille dans sa maison les jours consacrés, mais que le bailli s'assure qu'elles ont été renvoyées hors de la seigneurie.

Qu'aucune fille ne soit gardée contre la volonté qu'elle témoignerait d'abandonner son péché.

Qu'aucun maître d'étuve ne reçoive une femme de religion ou une femme mariée.

Qu'aucune femme ne prenne d'argent pour coucher avec un homme, à moins qu'elle ne couche avec lui toute la nuit jusqu'au matin.

Qu'aucun homme ne soit entraîné ou attiré dans aucune étuve.

Les constables, bailli et autres devront visiter toutes les étuves chaque semaine.

Qu'aucun maître d'étuve ne garde une femme qui est atteinte de la dangereuse affection de la lèpre, et qu'il ne vende ni pain, ni ale, ni viande, ni poisson, ni bois, ni charbon, ni aucune espèce de provisions.

FIN

www.ingramcontent.com/pod-product-compliance
Lightning Source LLC
Chambersburg PA
CBHW071505160426
43196CB00010B/1425